Eve C. Mercé est née à Angers en 1980. Auteure féministe de SF, fantasy, jeunesse et romance, elle est également narrative designer pour le jeu vidéo. Eve a eu de nombreuses vies. D'abord assistante sociale en Normandie, puis directrice d'un orphelinat au Vietnam, elle est ensuite devenue entrepreneur à Grenoble avant de poursuivre sa carrière en tant que bibliothécaire en région parisienne. Elle se consacre aujourd'hui à l'écriture à temps plein. Elle adore les mondes imaginaires, les jeux vidéo, les jeux de rôle, un bon bouquin avec un chocolat chaud et faire du loisir créatif.

De la même auteure

La chasse est ouverte. Kindle Direct Publishing 2022

Les détrônés, tome 1 : Premiers troubles. Kindle Direct Publishing 2022

Humeurs vagabondes. Recueil de nouvelles. Kindle Direct Publishing 2022

Ce livre est également disponible au format numérique.

Eve C. Mercé

Les triplettes

Tome 1 : Débroussailleuse

Site internet : www.evecmerce.fr

Morbihan
Dépôt légal : premier trimestre 2023
ISBN : 978-2-9586523-0-2
Independently published
Loi n° 49-956 du 16 juillet 1949 sur les publications destinées à la jeunesse.

TABLE DES MATIERES

Débroussailleuse

Dépêchez-vous bandes d'incapables ! Je veux pas finir après la tombée de la nuit, s'excita Rosala, la cheffe de troupe des débroussailleurs.

En passant aux côtés de Cyprielle, elle envoya un coup de pied dans sa direction. L'embonpoint prononcé de la cheffe rendit le geste malaisant. La jeune femme l'évita d'un léger coup de hanche qui pouvait passer pour naturel. Elle s'interdit de la regarder et poursuivit son travail comme si de rien n'était. Du coin de l'œil, elle remarqua que Rosala fronçait les sourcils en jetant des regards dans toutes les directions pour s'assurer que personne n'avait vu son échec. Tout le monde faisait de son mieux pour ne pas rire. Les collègues de Cyprielle gardaient le nez baissé sur leur travail. Chacun avait appris à ne pas la ramener pour ne pas être la cible de Rosala qui parvenait à cumuler la bêtise, la méchanceté et la fainéantise dans une seule et même personne. Des rumeurs circulaient à son sujet sur la raison pour laquelle elle avait obtenu ce poste. Était-ce parce qu'elle s'était montrée tellement casse-pied avec le régent de la cité qu'il avait cédé par tranquillité ? Ou alors parce qu'elle le faisait chanter ? Ce qui n'aurait pas étonné Cyprielle. Cependant, elle avait appris à ne pas s'occuper de ce qui ne la concernait pas. Connaître la raison de la promotion de Rosala ne l'aiderait pas à mieux vivre son travail, alors elle ne prêtait pas foi aux rumeurs.

Cyprielle réajusta la sangle de son lance-flamme. La jeune femme exerçait le métier de débroussailleuse depuis seize ans. Depuis ce fameux jour où sa vie s'était effondrée à jamais. Et pourtant les lanières lui sciaient toujours les épaules. Son métier, malgré son importance cruciale pour la survie de la cité, était considéré comme le pire de tous. Personne n'était en dessous des débroussailleurs. Ils étaient vus comme un mal nécessaire, mais aussi comme des cadavres en sursis. Rares étaient ceux qui sortaient des cités. Les mercenaires et les marchands ambulants, qui voyageaient en aéronefs ou caravanes, en faisaient partie, mais eux étaient de vrais héros ou fous furieux, tout dépendait du point de vue. Le métier de débroussailleur consistait à scruter les abords de la cité pour s'assurer qu'aucun prédateur animal ou végétal n'avait entamé un travail de sape sur les fondations de la muraille, seul rempart contre leurs attaques. Cyprielle tenta de régler la sangle du lance-flamme afin qu'il arrête de se balader dans son dos. Elle marchait à la limite de la zone à débroussailler, ici le sol était entièrement noirci par leur travail. Ils revenaient tous les jours pour brûler les nouvelles pousses qui s'étaient aventurées pendant la nuit. Il fallait être extrêmement vigilant, car certaines plantes, notamment la ravageuse, réussissaient à se faufiler sous une dizaine de pouces de terre pour se frayer un chemin jusqu'aux murailles. Une fois qu'elles y étaient parvenues, elles commençaient à creuser à travers la muraille pour affaiblir la construction et permettre à ses congénères végétaux de pénétrer dans la cité pour faire des carnages. Tout le monde connaissait l'histoire de Malia, la cité du bord de mer. Les végétaux l'avaient détruite parce que les habitants n'avaient pas vu les ravageuses infiltrées dans leurs fondations. Cyprielle se demanda comment elle réagirait si Marlimar, sa propre cité, était annihilée.

Elle ne réagirait sans doute pas.

Elle secoua les épaules en soupirant. Elle espérait seulement que si cela devait arriver, ses triplettes s'en sortiraient. Ce qui était fort probable puisqu'elles étaient des éveillées. Une bousculade la ramena à l'instant présent. Elle se retourna pour voir qui l'avait percuté. Conrad la défiait du regard en rigolant d'un air mauvais. Depuis le premier jour où elle était devenue débroussailleuse,

Conrad la malmenait. Pourtant, ils avaient grandi ensemble, leurs parents habitaient le même quartier. Ils avaient passé leur rituel ensemble et… échoué ensemble. Cyprielle ne comprenait pas pourquoi il se comportait comme cela, elle ne lui avait jamais rien fait. Était-ce parce que ses sœurs étaient des éveillées ? Parce que ses parents avaient toujours crié sur tous les toits que leurs trois filles en deviendraient ? Leur pronostic s'était révélé exact pour deux sur trois, c'était déjà pas mal. Elle n'était en rien responsable du comportement arrogant de ses parents ni du statut privilégié dont ses sœurs jouissaient désormais. Il savait bien qu'elle vivait dans la même misère que lui.

Conrad croisa ses bras musclés sur son torse en attendant de voir la réaction de Cyprielle. Sa moustache frétillait de plaisir anticipé. La jeune femme détourna les yeux pour se remettre au travail. Elle s'éloigna en le surveillant pour éviter un autre mauvais coup. Il eut l'air de réfléchir avant de se dégonfler. Cyprielle comprit pourquoi, Acelin, le doyen de leur troupe, se tenait non loin. Il lançait un regard peu commode en direction du jeune homme. Son visage couturé de cicatrices lui donnait un air effrayant qui en rebutait plus d'un. De cette simple attitude, il défiait Conrad de poursuivre ses agissements dans le dos de Rosala, qui soit dit en passant n'aurait pas levé le petit doigt si elle avait vu Cyprielle se faire malmener. La débroussailleuse était certaine qu'elle y aurait même participé. Une fois Conrad reparti de son côté, le vieux lui jeta un regard interrogatif, elle y répondit par un signe de la main pour le remercier. Il hocha la tête et se remit au travail, sans s'éloigner d'elle. Cyprielle n'était proche de personne dans sa troupe, au mieux les autres l'ignoraient, au pire, ils la rudoyaient. Acelin était le seul à faire exception. Sans aller jusqu'à dire que le vieil homme était son ami, au moins il lui adressait un mot de temps en temps. Cela permettait à Cyprielle de continuer à croire qu'elle était bien un être humain. Elle actionna le piston de son lance-flamme pour brûler quelques herbes folles qui s'aventuraient à la jointure de l'aire que sa troupe s'échinait à maintenir vierge. La flamme de feu grégeois s'élança dans un joyeux crépitement et vint lécher les pousses. Elles se rabougrirent en lançant une plainte sourde qui serra le cœur de Cyprielle. Son métier consistait à tuer, certes des végétaux qui eux aussi voulaient leur mort, mais tout de même. Elle devait brûler vive la flore qui tentait de venir les déloger de leur cité. L'odeur de brûlé monta jusqu'à ses narines, elle positionna son foulard sur le nez pour éviter d'être trop incommodée. Le soleil et la chaleur des lance-flammes les faisaient tous transpirer. Cyprielle sentait ses mains glisser dans ses mitaines. Elle replaça le deuxième foulard qu'elle portait cette fois sur le front en soulevant légèrement son large chapeau conique. Attifée comme ceci, seuls ses yeux demeuraient visibles. Son couvre-chef lui servait à se protéger du soleil, mais aussi d'attaques d'insectes vicieux qui plongeaient du ciel dans l'espoir d'injecter leur venin mortel dans la chair tendre du cou. Elle s'était conçue son équipement, car la cité n'en fournissait pas aux débroussailleurs. Beaucoup de ses collègues avaient à présent adopté le chapeau qu'elle avait imaginé, bien sûr, personne n'aurait jamais avoué qu'elle avait eu une bonne idée. En plus de ses gants, elle portait une salopette qui se resserrait aux jambes pour mieux se faufiler dans les bottines ajustées à ses chevilles. Une chemise près du corps venait compléter sa tenue de travail, elle n'avait pas les moyens de s'équiper plus que ça. Elle sentait ses cheveux poisseux d'humidité lui coller dans le cou, mais n'y pouvait rien. Le bruit des pistons des lance-flammes perçait à intervalles réguliers le silence des hommes. Au-delà de la limite de l'aire vierge s'étendait la forêt, imperméable, touffue, interminable. Cyprielle s'arrêta quelques secondes pour sonder les arbres. Elle ne pouvait se défaire de l'impression d'être observée. Comme si la forêt elle-même scrutait les faits et gestes des hommes.

C'est probablement le cas, songea-t-elle en frissonnant.

L'unique porte d'entrée pour Marlimar était à l'opposé de l'endroit où sa troupe travaillait, aussi partout où son regard portait, Cyprielle ne voyait que la nature, oppressante, imposante, écrasante. La muraille qui protégeait la cité était haute de plusieurs mètres. Les maçons y veillaient comme sur la prunelle de leurs yeux afin qu'aucune fissure ne vienne la fragiliser. Au moment où Cyprielle se retournait pour revenir vers la troupe, elle aperçut un mouvement du coin de l'œil à l'orée du bois. Elle n'y prêta pas attention, il y avait de la vie dans la forêt, cela ne voulait pas dire qu'ils allaient se faire attaquer. Il fallait se montrer prudent certes, mais pas paranoïaque. Cyprielle se remit au travail, baissant le nez vers le sol pour dénicher de nouvelles pousses. Elle balayait la terre du bout de la botte, soulevant de la poussière, pour débusquer un trou de ravageuse lorsqu'elle entendit un craquement non loin d'elle. Elle s'immobilisa et sa peau se hérissa. Elle patienta le temps que les battements de son cœur se calment. Il n'y avait rien. Il ne leur restait que quelques minutes avant la fin de la journée. Elle espérait rentrer chez elle sans déplorer d'incidents. Et pourtant un fourmillement dans la nuque lui indiquait qu'il se préparait quelque chose. Ne détectant rien, Cyprielle se remit au travail. Le soleil brillait toujours aussi fort malgré l'heure tardive. La débroussailleuse transpirait sous le poids du lance-flamme, mais aussi de la chaleur de l'astre. Ici, elle n'avait pas d'endroit pour s'abriter. Elle était bonne pour de légères plaies sur les épaules à cause des sangles de son outil qu'elle réajusta une fois de plus en grimaçant. Alors qu'elle se remettait en mouvement pour s'approcher d'Acelin, elle entendit à nouveau un craquement. Semblable à une branche qui casse. Ce bruit ne pouvait dire qu'une chose. Elle en eut la confirmation au même moment.

Une meute de prédateurs fondait sur eux.

L'attaque

Cyprielle eut le souffle coupé quelques secondes. Ils les avaient trouvés ! Elle ne savait plus à quand remontait la dernière attaque de prédateurs. Les derniers mois avaient été plutôt tranquilles et tout le monde à Marlimar s'estimait chanceux. À croire que la chance tournait. Cyprielle culpabilisa de n'avoir pas réagi plus vite. Pourquoi n'avait-elle pas écouté son instinct ? Elle aurait averti la troupe. Ils se seraient repliés…

Cyprielle évalua la situation en repoussant ses pensées. Il s'agissait d'une meute de léons et ils étaient nombreux, bien plus que d'habitude. Elle en comptait pas moins d'une vingtaine qui s'attaquait déjà à certains de ses collègues. Les débroussailleurs faisaient cracher leurs lance-flammes pour tenir à distance les monstres qui les dépassaient en taille. Elle s'élança. Ils n'avaient aucune chance, mais il n'était pas question qu'elle abandonne ses semblables. La jeune femme clipsa le tuyau de son lance-flamme pour le bloquer afin qu'il ne la gêne pas dans ses mouvements et s'empara de la machette qui pendait à sa ceinture. L'arme pouvait se révéler utile pour percer le cuir malgré les excroissances pointues dont leur peau était recouverte. Cyprielle courait en direction du collègue le plus proche d'elle. Il tenait en joue un jeune léon qui grognait. Lorsqu'elle arriva à sa hauteur, elle effectua un dérapage sous ses pattes pour lui trancher les tendons. Le monstre rugit de douleur. Cyprielle se couvrit les oreilles, mais trop tard, le cri du prédateur l'assomma.

Ses tympans bourdonnaient, elle se sentait nauséeuse et sa vision devint floue. Elle se prit la tête entre les mains, espérant faire passer ces sensations désagréables. Elle rampa le plus loin possible de la bête assise sur son arrière-train, incapable de marcher, mais qui balançait ses griffes avant rageusement. L'une d'elles rencontra un collègue qui n'avait pas eu la présence d'esprit de s'éloigner, lui déchirant la moitié du faciès. Cyprielle le vit s'effondrer en tentant de retenir la peau de son visage. Un autre léon en profita pour lui sauter sur le dos et le décapiter. La débroussailleuse ferma les yeux en recevant une éclaboussure du sang de celui qu'elle avait côtoyé durant des années sans même connaître son prénom. Son étourdissement s'estompait, elle fouilla dans la poche de sa salopette pour attraper ses bouchons d'oreille et les enfonça dans ses orifices. Pas question qu'elle subisse deux fois cette torture. Elle se remit sur ses jambes et constata qu'Acelin se trouvait en difficulté. Il était isolé du groupe. Elle devait l'aider à revenir vers le reste de la troupe à tout prix. Elle empoigna le manche de son lance-flammes, commença à pomper sur le piston et courut vers Acelin. Elle soufflait sous le poids de l'équipement, des gouttes de sueur lui dégoulinaient le long du dos. Elle arriva sur eux alors que la flamme sortait du tuyau avec un regain inattendu. Le feu grégeois s'empara du premier léon qui s'apprêtait à sauter sur Acelin dans son dos. Il fut stoppé net dans son élan, se tourna vers son nouvel agresseur et balaya l'air devant lui pour chasser la flamme en feulant.

– Alors mon joli, tu te la joues en traître ! Eh bien moi aussi, je sais faire ça.

Le léon rugit son mécontentement. La débroussailleuse, insensible à présent à son cri, continuait d'actionner le feu de son arme. Il crachait en retroussant les babines et essayait de s'éloigner d'elle et de son engin de malheur en bondissant sur les côtés. Cyprielle constata qu'Acelin s'en sortait bien mieux face à un seul prédateur. L'équilibre était rétabli. Son collègue la rejoignit et ils se mirent côte à côte pour repousser les bêtes.

– On doit retourner avec les autres, cria-t-elle pour couvrir les bruits de l'attaque.

Acelin se contenta de hocher la tête. Il ne s'était jamais montré bavard. Les deux débroussailleurs reculèrent lentement en jetant fréquemment des coups d'œil vers l'arrière pour s'assurer qu'aucun prédateur ne les prenait à revers. Une fumée noire et âcre commençait à piquer les yeux de Cyprielle, un mélange de cris et de rugissements assourdis par les bouchons d'oreille parvenait quand même à son cerveau. Elle glissa dans quelque chose de gluant et constata qu'il s'agissait de viscères. À qui appartenaient-ils ? Elle ne voulait pas le savoir et se forçait à maintenir sa concentration sur ce qu'elle faisait. Une seule erreur d'inattention pouvait se révéler fatale. Elle refusait de voir ses propres intestins en dehors de son ventre, ils étaient très bien là où ils se trouvaient.

Les deux collègues restaient toujours côte à côte. Leurs lance-flammes représentaient une barrière plutôt convaincante et les préservaient des deux léons qui les harcelaient. Cyprielle remarqua qu'il s'agissait de jeunes mâles. Leurs taches apparaîtraient plus tard, les excroissances sur leur corps étaient encore saillantes et pas élimées comme les plus vieux de leur espèce, et la collerette qui protégeait leur cou était épaisse et déployée harmonieusement. Lorsqu'ils rejoignirent enfin leurs collègues, Cyprielle s'autorisa un répit pour évaluer la situation. La troupe était en difficulté. Elle avisa un grand nombre de blessés dont certains auraient besoin de prothèses mécaniques, quelques morts aussi, impossibles à reconnaître vu l'état de leur dépouille. Le groupe paniquait et le chaos régnait alors que dans le rang des prédateurs, c'était tout l'inverse. Elle chercha des yeux Rosala qui devait assurer l'organisation de leur défense. En tant que plus haute gradée, elle savait quoi faire, normalement !

La blague, pensa Cyprielle.

Elle avisa enfin sa cheffe de troupe qui se tenait bien à l'abri au centre des hommes, le visage blême, les jambes tremblantes. Cyprielle jura. Elle fit signe à Acelin qu'elle allait la voir. Il lui signifia de se dépêcher en couvrant son absence dans le cercle qui gardait les prédateurs à distance. Elle slaloma entre les collègues. Ils l'insultèrent ouvertement, ne comprenant pas pourquoi elle abandonnait son poste. Cyprielle ne perdit pas de temps à leur expliquer qu'ils avaient besoin d'une cheffe pour leur dire quoi faire. Au moment où elle arrivait devant Rosala, elle vit un des débroussailleurs rompre le cercle pour s'éloigner en courant en direction de la cité. Elle grimaça en détournant le regard.

Quel idiot !

– Rosala, tu dois ordonner la retraite avant qu'il y ait plus d'imbéciles comme celui-là, hurla-t-elle en pointant du menton le fuyard. Si tout le monde se carapate sans discipline, nous sommes tous morts et tu le sais. C'est à toi de nous donner la marche à suivre.

Rosala ne répondit pas, le regard tourné vers celui qui venait de rompre les rangs. Il s'était fait rattraper par plusieurs léons qui se disputaient à présent sa dépouille à grand renfort de rugissements. Sa cheffe marmonnait quelque chose en serrant sa machette entre ses doigts. Le temps pressait et Rosala ne faisait toujours rien. Ses collègues lui jetaient des regards mauvais comme si elle était responsable de l'inaction de leur cheffe. Elle en entendit même certains lui crier de se bouger. Cyprielle l'attrapa alors par les épaules et la secoua violemment avant de lui asséner une énorme claque. En d'autres circonstances, elle aurait pu trouver cela plaisant. Rosala lui décocha un regard noir.

– Mais qu'est-ce qui te prend, rebut ! lui cracha-t-elle à la figure.

– Tu dois ordonner la retraite et prévenir la cité de l'attaque, martela la jeune femme sans se démonter.

– Je sais quoi faire, dégage avant que je te fasse fouetter pour avoir quitté ton poste !

Cyprielle était convaincue qu'il ne s'agissait pas de paroles en l'air. Elle battit en retraite en espérant que Rosala savait ce qu'elle faisait comme elle lui avait affirmé. Peu de temps après, elle entendit enfin le son du cor couvrir le chaos de la bataille. Elle en aurait pleuré de soulagement. La cité saurait alors qu'ils étaient attaqués, ce qui voulait dire que ses sœurs allaient entrer en action !

La troupe commença à se replier. Rosala criait des ordres contradictoires, semant la pagaille dans les rangs. Certains se marchaient dessus, d'autres commençaient à accélérer leur retraite. Dans quelques instants, ils risquaient tous de rompre les rangs et les prédateurs s'en donneraient alors à cœur joie.

Elle n'a vraiment aucune âme de leader, pensa Cyprielle en constatant la débandade autour d'elle.

Cette pensée l'amena à une autre qui la laissa perplexe. Les léons poursuivaient leur assaut, parfaitement maîtrisé en comparaison de leur défense. Elle fouilla les alentours quelques instants avant de trouver ce qu'elle cherchait. Un grand mâle dominait la meute sur un promontoire, assis sur son arrière-train, il observait les léons tel un commandant au combat et rugissait dans une direction ou une autre pour donner des ordres. Savoir les prédateurs organisés était une chose, le constater l'effraya. Elle sentit sa peau se hérisser. Elle se demanda ce qu'il se passerait si le dominant était éliminé, mais elle ne put pousser plus loin sa réflexion. Son voisin de gauche cria et la bouscula en s'écroulant sur elle. Cyprielle le retint de tomber. Il venait de se prendre un coup de griffes sur la jambe qui saignait abondamment. Sans perdre un instant, la débroussailleuse s'accroupit et arracha un reste de pantalon du malheureux. Elle fit un garrot autour de la blessure pour stopper l'hémorragie. Il était hors de question qu'elle l'abandonne comme beaucoup de ses congénères l'auraient fait. Acelin se tenait à leurs côtés et les protégeait. En voyant cela, d'autres membres de la troupe vinrent leur prêter main-forte le temps que le blessé soit à nouveau sur pied. Une fois fait, il se remit debout en prenant appui sur elle et partit en clopinant se réfugier au milieu de la troupe sans un regard pour sa sauveuse.

Cyprielle se retourna juste à temps pour esquiver une nouvelle attaque. Elle roula sur elle-même en grimaçant lorsque son lance-flamme lui rentra dans le dos. Puis, elle profita de la confusion du prédateur pour se relever et courir vers le groupe qui poursuivait sa retraite. Ses collègues progressaient lentement vers la cité et Cyprielle se demanda s'ils parviendraient à revenir vers les portes de la muraille. Elle espéra que ses sœurs étaient prêtes pour le combat et fut étonnée de ne pas encore les apercevoir. Se pouvait-il que le régent leur interdise de venir au secours de débroussailleurs ou alors attendaient-ils que la troupe soit plus proche des portes pour intervenir et ainsi éviter tout risque inutile ? Si c'était cela, Cyprielle le comprenait. Avec seulement deux éveillées, le régent ne pouvait pas risquer leurs vies. Elles étaient bien trop précieuses, nettement plus que cinquante débroussailleurs. Son cœur se serra, elle aurait aimé un traitement de faveur. Après tout, les éveillées étaient ses triplettes, elle n'était pas une débroussailleuse lambda !

La jeune femme esquiva une fois de plus de justesse une attaque perfide d'un prédateur un peu trop entreprenant. Elle actionna le piston de son lance-flamme et le moucha. Sans réussir à le tuer, elle lui avait tout de même offert un souvenir sur le flanc gauche qui l'empêcherait de marcher correctement à l'avenir. Le dominant se redressa avant de pousser un rugissement assourdissant qui cloua sur place tous les collègues qui n'avaient pas mis leurs bouchons d'oreille.

Sont-ils si naïfs à penser qu'ils n'ont plus besoin de se protéger ? Nous ne sommes pourtant pas en paix.

Une majorité des désorientés furent fauchés avant même que la troupe ait le temps de réagir. Cyprielle avisa Conrad qui faisait partie des trop confiants, il se tenait la tête entre les mains et grimaçait. Elle s'élança en criant à Acelin de la seconder. Le vieil homme ne se fit pas prier, il lui emboîta le pas en faisant feu dans tous les sens. Elle aperçut un léon qui avait repéré Conrad et se mettait en position pour lui sauter dessus sans qu'il s'en rende compte. Cyprielle allongea sa foulée. Elle n'était pas sûre d'arriver à temps et se demandait aussi pourquoi elle risquait sa vie pour lui. Elle aurait pu poursuivre sa route, en relative sécurité avec le reste de la troupe. Alors que le prédateur bondissait sur son collègue, Cyprielle envoya un énorme coup de tuyau sur la mâchoire de la bête, lui déviant la gueule à l'opposé. Elle finit sa course sur lui et en eut le souffle coupé par la violence du choc. Cyprielle ne perdit pas de temps à vérifier l'état du prédateur. Elle se remit sur ses pieds, attrapa Conrad par le coude et le poussa de toutes ses forces pour le forcer à se bouger. Ils reprirent la course, tandis qu'Acelin débarquait pour couvrir leur retraite.

Les autres membres de la troupe parvenaient enfin en vue des portes de la cité. Conrad s'éloigna sans un mot. Cyprielle vérifia qu'Acelin ne se laissait pas distancer. C'est alors que le bruit caractéristique des engrenages de la porte retentit. Des frottements, des grincements, des verrous qui se désenclenchaient. Elle connaissait ce son par cœur puisqu'elle sortait deux fois par jour depuis maintenant seize ans. Cyprielle sentit sa respiration s'emballer, elle se prit à croire qu'elle en réchapperait vivante et sans une seule égratignure. Elle attrapa le bras d'Acelin qui canardait toujours les léons pour couvrir leur retraite et l'aida à se diriger vers leur salut. En entendant l'ouverture de la porte, ce fut alors la débandade au sein de la troupe, et en premier lieu avec Rosala qui bouscula tout le monde en rompant le cercle pour se précipiter vers la sécurité de la cité. Lorsque les autres débroussailleurs virent leur cheffe les abandonner, ils firent de même. Cyprielle essaya de les raisonner, mais sans succès. Ils ne l'avaient jamais écoutée, il n'y avait pas de raison que cela change. Les léons s'en donnèrent à cœur joie, Cyprielle entendait leurs glapissements ravis devant les proies qui s'enfuyaient sans plus activer leurs lance-flammes.

Cyprielle n'eut pas le temps de maudire sa cheffe, son sang ne fit qu'un tour en découvrant au détour d'un immense arbre qui cachait l'entrée de la forêt un énorme gorillas. L'animal haut de trois mètres courait en soufflant des naseaux, bien décidé à couper leur retraite. Cyprielle accéléra sans lâcher Acelin, qui prit lui aussi conscience de l'ampleur du danger, et hâta ses foulées. Cependant, il était trop tard pour inverser le mécanisme de la porte d'entrée de la cité. Cela demandait à deux hommes de s'échiner pour la mettre en branle. La porte bien que peu haute était renforcée et bardée de fer pour éviter toute incursion de la part des prédateurs dans leur précieuse cité. Cela s'était avéré utile au fil des années, lorsque les hommes entraient et sortaient en ayant bien vérifié que la voie était libre. Mais cela ne fonctionnerait pas aujourd'hui alors qu'un gorillas de plusieurs tonnes leur fonçait dessus, en abaissant déjà son énorme tête bouclier qu'il utilisait comme bélier pour défoncer des roches.

Cyprielle s'arrêta à quelques mètres de la porte pour retarder la bête et laisser le temps aux derniers débroussailleurs de rentrer se mettre à l'abri. Elle ajusta son lance-flamme, le régla sur ouverture maximale et fit feu en balayant devant elle pour décourager le monstre. Certains de ses collègues arrivaient encore en clopinant, mal en point, et parvenaient à se faufiler dans la cité. Le gorillas ralentit quelque peu en sentant la chaleur des flammes. Cyprielle entendit que la fermeture de la porte commençait. Elle poursuivit ses efforts jusqu'à être sûre que tous ceux qui pouvaient rentrer l'avaient fait. Elle avisa Conrad qui s'engouffrait lui aussi à l'intérieur. Il avait une nouvelle estafilade sur le front et boitait d'une plaie sanguinolente à la jambe. Cyprielle ne perdit pas de temps à se demander ce qu'il avait fabriqué. Elle stoppa son attaque, virevolta et courut jusqu'à la porte qui se refermait avec une lenteur exaspérante. Elle bloqua le processus, le temps de réussir à rentrer en se faufilant par l'entrebâillement qu'il restait, non sans arracher des jurons de la part de ceux qui s'échinaient à la fermer. Cyprielle se mit derrière la porte et avec l'aide d'une dizaine de personnes poussa de toutes ses forces pour accélérer le tout. Elle entendit alors un long rugissement suivi d'un martèlement de pas. Le sol tremblait sous ses pieds. Elle glissa un œil par l'entrebâillement.

Le gorillas avait repris sa charge.

La percée

Cyprielle sentit alors une violente secousse qui la projeta en arrière. Elle atterrit lourdement sur le dos quelques mètres plus loin, sonnée, et le souffle coupé. Un craquement sinistre avait accompagné sa chute. Cyprielle mit de longues secondes à récupérer. Puis, seulement, elle observa. Le gorillas avait réussi à enfoncer la porte avant qu'elle soit fermée. Il poursuivait cependant ses assauts pour fragiliser le reste de la structure et agrandir l'ouverture. Si personne n'intervenait, d'ici très peu de temps, les léons entreraient dans Marlimar et feraient un carnage auprès de la population. C'est alors qu'elle ressentit un fourmillement qu'elle connaissait bien. Ses cheveux se hérissèrent très légèrement. Cyprielle tourna la tête vers la droite et découvrit avec soulagement ses sœurs ! Elle souffla.

Amira, l'aînée des triplettes, se tenait en première ligne sur un promontoire. Son visage angélique affichait une concentration intense. Ses bras étaient tendus vers le ciel. Ses cheveux et son tatouage sur le front s'illuminèrent d'un même ensemble lorsqu'elle commença à façonner. Ils prirent une teinte argentée mêlée de touches d'or et son corps svelte s'éleva de quelques centimètres. Cyprielle ne put s'empêcher de ressentir de la fierté ainsi qu'une pointe de jalousie. Amira pouvait, grâce à son pouvoir, moduler des éléments pour leur faire prendre l'ampleur qu'elle désirait. Cyprielle se concentra pour comprendre ce qu'elle façonnait. Il lui sembla que sa triplette avait attrapé la brise légère qui les caressait en ce début de soirée parce qu'elle la sentait forcir. Déjà ses propres vêtements voletaient autour d'elle. Cyprielle en profita pour rabaisser le foulard qui l'empêchait de respirer correctement. Amira fit tourner ses mains et la brise se transforma en vent plus vif jusqu'à devenir une forte tempête qu'elle maintenait au-dessus de sa tête.

Légèrement en retrait se tenait Balde, son autre sœur et triplette, née deuxième tandis que Cyprielle était arrivée la dernière. Là où Amira paraissait faite de vent avec sa démarche aérienne, Balde crépitait tel un feu follet, toujours en mouvement. Son corps était d'ailleurs plus musclé que celui d'Amira. Ses cheveux et son tatouage avaient, eux, la couleur d'un rouge vif éclatant qui donnait l'impression de pouvoir vous brûler si vous y touchiez. Elle observait les environs pour évaluer la situation en attendant qu'Amira ait fini avec son façonnage. Ensuite seulement, elle entrerait en action et prendrait le contrôle du sort d'Amira pour l'amener où elle le désirait. Balde était une dompteuse. Contrairement à Amira, elle ne pouvait rien modifier, juste faire en sorte que les éléments lui obéissent. Amira fit un signe en direction de sa sœur qui prit le relais. Balde alla se positionner sur un autre promontoire tandis que les coups de bélier du gorillas se répétaient, provoquant de multiples fissures qui ne tarderaient pas à faire s'écrouler l'ensemble des fondations. Si les prédateurs entraient, beaucoup de citadins risquaient de mourir.

Cyprielle jeta un regard circulaire. Les plus vulnérables étaient allés se cacher dans les hauteurs de la cité, tandis que tous ceux en âge de se battre s'étaient armés à la va-vite pour défendre chèrement leur vie et celle de ceux qu'ils aimaient. Cyprielle les voyait trembler, blêmes, mais il fallait leur reconnaître un certain courage, car ils tenaient la ligne juste derrière la garde de la cité qui, elle, était positionnée derrière ses triplettes. Elles étaient la seule et unique défense correcte de Marlimar, et tout le monde le savait, mais, de mémoire d'hommes, jamais, on avait entendu parler d'une attaque combinée de léons avec un gorillas. L'information s'était relayée comme le pollen au vent, c'est pourquoi chacun avait pris son courage et ses armes pour faire front. Qui pouvait imaginer quels autres prédateurs attendaient encore dehors bien sagement que le gorillas ait fini la destruction de la porte ?

Cyprielle décida d'en faire autant. Elle ne s'était pas relevée après son vol plané et se trouvait toujours au sol. Elle se mit debout en se massant les fesses. Son lance-flamme s'était fracassé lors de l'impact, sa salopette était toute poisseuse de liquide inflammable.

Je dois faire attention de ne pas approcher des autres lance-flammes au risque de brûler vive, pensa-t-elle en se débarrassant des restes de son outil. *Je suis sûre que Rosala va me blâmer pour destruction de matériel et me demander de rembourser le tout*, grimaça-t-elle en constatant l'étendue des dégâts.

Elle chercha des yeux quelque chose pour s'armer, sa machette dans une main, elle attrapa un marteau oublié sur un établi. Il était tout rouillé et pas vraiment lourd, c'était sûrement la raison pour laquelle personne ne s'en était embarrassé, mais il fallait bien que ça fasse l'affaire, pensa Cyprielle. Elle rejoignit les rangs des défenseurs en observant toujours ses sœurs qui communiquaient entre elles par signaux. Cyprielle n'avait aucune idée de ce qu'elles se racontaient. Elle n'avait pas été mise dans la confidence. À quoi bon ?

La débroussailleuse perçut les propos et remarqua les coups d'œil haineux lancés dans sa direction, mais elle les ignora. Elle était ce qu'elle était et elle ne pouvait rien y changer malgré son envie. Elle savait parfaitement ce qu'ils se disaient. Qu'avec une troisième éveillée, ils agrandiraient leurs chances de survie. Ils la considéraient comme responsable de son échec alors que tout le monde savait que ce n'était pas si simple. Mais avec le temps, Cyprielle en était venue à penser comme eux. Peut-être n'avait-elle pas essayé suffisamment fort, n'y avait-elle pas cru suffisamment ou peut-être qu'elle avait mal fait le rituel ? Elle ne savait plus ! Mais si ses sœurs y étaient arrivées, alors pourquoi pas elle ?

Elle se positionna tout de même aux côtés de ses concitoyens, les deux pieds ancrés dans le sol, une arme dans chaque main, prête. Un nouveau coup, plus fort que les précédents, sonna le glas pour la porte de la cité. Le gorillas entra en claironnant son succès. Son hurlement figea tout le monde quelques instants, puis ce fut le chaos. La meute de léon s'engouffra, suivie par d'autres prédateurs qui commencèrent leur massacre. Cyprielle entendit des hurlements, humains cette fois. Elle vit certains de ses voisins déserter les rangs, d'autres tomber, assourdis par les cris paralysants des bêtes.

Comment ont-ils pu oublier leurs bouchons d'oreille, songea Cyprielle agacée.

Les soldats, juste devant eux, resserrèrent leur formation et plantèrent leur lance dans le sol pour stopper la charge qui arrivait.

Balde entra alors en action. Elle fit de rapides mouvements de bras en grimaçant pour attraper la tempête qu'Amira avait préparée, se baissa au moment où elle la récupérait comme si celle-ci lui appuyait dessus, puis réussit à tendre les jambes en même temps qu'elle envoyait la tornade sur l'avant-garde des prédateurs. Tout le monde recula sous le coup de l'impact par réflexe. La boule d'intempéries vint percuter de plein fouet la première ligne de prédateurs qui tentèrent de planter leurs griffes au sol pour résister, mais sans succès. Le sort de ses sœurs était efficace, il emporta au loin plusieurs léons qui s'envolèrent et se fracassèrent contre la muraille. Amira n'avait pas attendu Balde pour préparer le sort suivant, Cyprielle voyait déjà une nouvelle boule de vent grossir au-dessus de sa tête. Le spectacle était beau et effrayant. Elle effectuait des arcs de cercle avec ses mains, faisant tournoyer la terre autour d'elle jusqu'à former un tourbillon puissant. Au moment où Balde le récupérait pour l'envoyer vers leurs assaillants, le vieux mâle dominant fit son apparition dans la cité. Des hurlements humains accompagnèrent son arrivée. Insensible aux cris, il alla se positionner sur une caisse pour contrôler le champ de bataille. Il rugissait et les animaux se coordonnaient, beaucoup réussirent à éviter la deuxième attaque des sœurs. Ils foncèrent alors sur les gardes, écrasant de leur puissante mâchoire les lances et créant la panique dans leurs rangs, qui pour autant tentaient comme ils pouvaient de se défendre, et de ne pas perdre du terrain.

Le combat au corps à corps s'engagea.

Cyprielle avisa le gorillas qui continuait à enfoncer son énorme tête contre la muraille. Il avait décidé de la détruire une bonne fois pour toutes. Cyprielle s'élança en direction du régent de la cité qui ne manquait pas de courage. Il se trouvait au milieu des gardes, lançait des ordres, tranchait avec son épée dès que l'occasion se présentait de toucher un prédateur. Il était au centre des combats comme tout chef se devait d'être, entouré de ses hommes qui maintenaient une formation serrée autour de lui pour le protéger. Elle ne parvint jamais jusqu'à lui, les soldats lui bloquaient le passage, la rabrouaient et la bousculaient même en l'insultant et en lui disant de dégager. Seule, elle ne pouvait rien faire contre un gorillas. Cyprielle se précipita alors vers Balde. Elle grimpa par une échelle à main pour arriver à sa hauteur. Alors que ses triplettes enchaînaient les sorts en grimaçant de plus en plus et faisaient beaucoup de dégâts dans les rangs adverses, Cyprielle décida de l'interrompre.

– Balde, le gorillas là-bas ! lui cria-t-elle en pointant la direction du doigt.

Balde fronça les sourcils, regarda puis fit un signe de tête. Elle envoya un signal à Amira qui acquiesça et se mit au travail. Rassurée, Cyprielle repartit en direction du dominant. Elle voulait se débarrasser de lui, mais pour ça, elle allait devoir se montrer maligne. La cité était agencée en hauteur. Les bâtiments en pierre montaient sur plusieurs étages, chaque étage était indépendant et correspondait à des quartiers différents selon les métiers exercés. Des plateformes, plus ou moins solides en fonction du matériau dans lequel elles étaient fabriquées, permettaient de circuler d'un étage à l'autre. Cyprielle en avisa une parfaite pour se retrouver au-dessus du dominant et l'escalada rapidement. La cité ne pouvait s'agrandir à l'infini. Les murailles l'en empêchaient. Les rues se chevauchaient pour monter vers le ciel, là où toute la vie commerçante était organisée. Les astroports étaient au sommet de l'enceinte, raison de plus pour éviter que le gorillas ne détruise leur muraille. La totalité des transports s'était développée dans les airs plutôt qu'au sol. De nombreux ponts et échelles permettaient de grimper rapidement vers les rues les plus hautes. Elle s'approcha discrètement du dominant en s'allongeant sur le toit d'une habitation. Elle transpirait à grosses gouttes.

Mais qu'est-ce qui me prend ? se demanda-t-elle. *Ne devrais-je pas laisser ça aux gardes ?*

Elle voulut essuyer la sueur qui lui coulait dans les yeux et pesta en sentant l'odeur du liquide inflammable. C'est alors qu'elle eut une idée, certes folle et suicidaire, mais une idée quand même. Elle voyait le liquide goûter de sa tunique au sol. Cyprielle ne réfléchit pas plus longtemps. Elle sortit un briquet à percussion de sa poche, celui que tout débroussailleur avait au cas où le lance-flamme faisait des siennes, et sauta sur le dos du dominant. Si elle avait pris le temps de pousser un peu plus loin la réflexion, elle se serait dégonflée. C'est pour ça qu'elle s'élança avant d'envisager la folie de son plan. Elle atterrit lourdement sur le dos du léon et s'accrocha à lui de toutes ses forces, serrant ses jambes et ses bras sur son corps et se collant bien à lui. L'animal se redressa sur ses pattes en rugissant furieusement. Il bondit de son promontoire, déséquilibrant Cyprielle qui s'agrippa à la collerette.

Heureusement qu'il est vieux, ses excroissances sont toutes élimées, sinon, j'aurais pu m'empaler dessus.

Cyprielle ne perdit pas plus de temps à jouer avec la bête. Elle craqua son briquet en espérant qu'elle avait encore suffisamment de liquide inflammable sur elle et alluma la flamme en se laissant tomber au sol tandis que le léon poursuivait ses cabrioles. Cyprielle expulsa tout l'air de ses poumons sous l'impact, mais elle eut la satisfaction d'entendre le délicieux bruit de quelque chose qui s'embrase. Elle vit que son bas de salopette était en feu et se roula dans la terre pour étouffer le début de flamme. Elle se releva bien vite en esquivant un coup de pattes. Elle fut bousculée par un autre léon qui reculait et ne l'avait pas remarqué. Il se tourna en feulant. Cyprielle envoya un violent coup de pied dans sa gueule et fila se mettre à l'abri en hauteur. Seulement une fois sûre d'être en sécurité, elle scruta les environs à la recherche du dominant. Sa peau s'était embrasée. Le plan de Cyprielle avait fonctionné. Elle le vit s'enfuir de la cité en galopant. Elle doutait que cela le tue, son cuir était bien trop épais et elle ne l'avait pas non plus aspergé de liquide, mais au moins il s'était retiré, ce qui leur donnerait peut-être un avantage décisif sur la bataille.

Cyprielle remarqua des gens en difficulté. Ils étaient trois, acculés par des lézards des marais. Elle ne prit pas la peine de s'étonner de voir des reptiles alliés aux mammifères dans cette attaque. Seule l'une des femmes avait une arme. Les prédateurs étaient plus petits que les léons, mais tout aussi dangereux. Ils attaquaient en meute et harcelaient leur proie sans relâche jusqu'à épuisement. Le trio n'avait aucune chance.

Cyprielle dégringola une échelle pour leur porter secours. En arrivant par-derrière, elle balança un énorme coup de marteau sur l'arrière-train d'une des bêtes. Le monstre glapit en claquant des mâchoires. Tous les autres se tournèrent vers Cyprielle, leurs gueules bavaient, leurs yeux étaient fous, ils grognaient et dégageaient une odeur pestilentielle. Cyprielle savait qu'une morsure lui injecterait un poison paralysant, la laissant à la merci de la meute qui se délecterait d'elle alors qu'elle était encore vivante. Elle ne souhaitait ce genre de calvaire à personne. La femme qu'elle venait d'aider profita de l'interruption bienvenue pour asséner un coup de gourdin sur la tête d'une des bêtes qui tomba. Assommée ou morte, Cyprielle ne prit pas la peine de s'en soucier. Elle devait se concentrer sur ceux encore debout qui la regardaient en crachant. Cyprielle sautillait d'un pied sur l'autre pour les déstabiliser et être en mouvement perpétuel. Un des lézards des marais bondit… pour sauter sur quelqu'un d'autre. Cyprielle poussa un cri en esquivant du mieux qu'elle pouvait l'attaque. Elle fut déséquilibrée et agita les bras dans de grands moulinets pour ne pas tomber. Celui qui venait de s'élancer avait attaqué un jeune homme qui le réceptionna d'un violent coup de sa hache. Il toucha, mais reçut lui aussi une blessure lorsque l'animal envoya une patte dans sa direction et trancha le gras de son bras. Il grimaça sous le coup, y jeta un œil et haussa un sourcil en jurant. Une barbe de trois jours mangeait ses joues, ses cheveux bruns voletaient au vent et sa musculature laissait penser qu'il ne vivait pas dans l'abondance.

– Saloperie de bestiole, elle a ruiné ma plus belle tunique ! maugréa-t-il.

Cyprielle ne put s'empêcher de pouffer tellement sa remarque était incongrue en plein milieu d'une bataille. Il continuait cependant à se battre contre le lézard, il esquivait aussi souvent que possible, frappait sans toujours toucher. Son mouvement perpétuel semblait agacer le lézard qui crachait et poursuivait ses assauts. Il reprit la conversation avec Cyprielle comme si de rien n'était.

– Alors, débroussailleuse, tu comptes t'arrêter là ? Au boulot, il reste des monstres à qui botter les fesses !

– J'ai de l'avance sur toi, je te signale. J'étais dehors quand ils sont arrivés, ne put s'empêcher de fanfaronner Cyprielle.

– Alors comme ça tu me mets au défi, hein ? Dans ce cas, j'accepte le challenge ! termina-t-il en effectuant une révérence dans sa direction.

Passé la surprise, elle se décida de lui prêter main forte et engagea, elle aussi, le combat. Le jeune homme se mit dos à elle et reprit son attaque. À eux deux, ils parvinrent facilement à terrasser le lézard tandis que les villageois se débarrassaient du dernier encore debout. L'homme lui fit alors un clin d'œil et partit en courant vers le reste des affrontements.

Quel étrange personnage ! pensa Cyprielle dubitative.

Elle haussa les épaules et se concentra à nouveau sur les attaques. Les lézards des marais étaient morts ou assommés. Le groupe qu'elle venait de secourir s'enfuit sans un regard pour elle, Cyprielle se retrouva seule. Elle chercha quoi faire, mais ne put que remarquer que la situation semblait se calmer. La majorité des prédateurs gisaient au sol. Des soldats maintenaient une ligne serrée, les lances abaissées pour décourager les quelques bêtes encore debout. Elles finirent par rebrousser chemin pour se sauver. Cyprielle remarqua qu'elle n'entendait plus les coups de butoirs du gorillas et que le sol ne tremblait plus non plus. Elle revint vers la porte pour découvrir que ses sœurs avaient terminé. Elle fut étonnée de constater le calme régnant en retirant ses bouchons d'oreille après le vacarme des combats. Où que porte son regard, il n'y avait plus de monstres. Cependant, les dégâts étaient considérables. Cyprielle voyait des habitations détruites, des blessés, voire des morts, et la muraille était grandement fragilisée. Des fissures et des éboulements parcheminaient la structure qu'il faudrait réparer en priorité pour sécuriser à nouveau la cité. Cyprielle sentit des larmes lui monter aux yeux, qu'elle essuya d'un geste rapide. Elle ne voulait pas pleurer devant les autres. Déjà parce qu'ils ne comprendraient pas sa réaction, elle restait considérée comme une paria au sein de la cité, et en plus parce qu'elle était trop pudique pour se donner en spectacle. Elle se mit en mouvement afin de vérifier que ses sœurs allaient bien. Cyprielle n'était pas très inquiète, mais elle préférait tout de même s'en assurer.

Un attroupement s'était formé au centre de la place. Elle se fraya un chemin pour savoir ce qu'il se passait. Le régent était face à Rosala, sa cheffe. Les soldats les entouraient, la main sur la garde de leur arme. Rosala était rouge de confusion et bafouillait en jetant des regards apeurés dans toutes les directions. C'est alors que ses yeux se posèrent sur elle. Cyprielle vit le cheminement de son cerveau malsain se mettre en route. Rosala tendit alors un doigt victorieux dans sa direction et hurla de contentement.

– La voilà la responsable de l'attaque ! C'est elle, régent, c'est elle qui a perdu trop de temps à rentrer et a empêché la fermeture des portes !

– Gardes ! Emparez-vous d'elle, ordonna aussitôt le régent.

Emprisonnée

Cyprielle se morfondait dans sa cellule en attendant de connaître la suite. Elle avait trouvé un morceau de roche crayeuse qui s'effritait dans le mur et l'avait délogé pour dessiner et ainsi passer le temps. Elle griffonnait des formes portée par son imaginaire. Elle repensait à l'attaque et plusieurs éléments la laissaient perplexe. En temps normal, ce genre d'affrontement avait lieu uniquement si les hommes osaient s'aventurer dans les terres. Les meutes de léons ne vivaient pas si près des cités, ils préféraient de loin la tranquillité des vastes plaines. De plus, cette action combinée avec d'autres prédateurs était encore plus inquiétante. Un gorillas, des lézards des marais, il était même possible qu'il y ait eu d'autres monstres qu'elle n'avait pas vus, trop occupée à survivre. Se pouvait-il que les prédateurs se soient concertés pour frapper plus fort les humains, leurs ennemis depuis des décennies ? L'attitude du dominant semblait l'indiquer. Cyprielle se creusa les méninges à la recherche d'un souvenir, une histoire, une légende décrivant ce genre de comportement. Elle n'en trouva pas. La guerre entre les deux camps remontait aux origines du monde, mais ça ! Un troisième acteur était même impliqué normalement dans cette guerre sans fin. Mais heureusement que les prédateurs n'avaient pas fait alliance avec la végétation, elle aussi extrêmement agressive, sinon les humains étaient perdus. À croire que la planète ne voulait pas d'eux !

Elle entendit des bruits de pas dans le couloir, se releva en espérant que c'était pour elle. En prenant du recul sur ses gribouillages, elle constata qu'elle avait représenté l'attaque avec une justesse et une finesse plutôt étonnantes. Après quelques secondes d'indécision, elle préféra effacer son œuvre.

Une clef tourna dans sa serrure et lorsque la porte s'ouvrit, Cyprielle découvrit le visage angélique d'Amira, puis celui plus colérique de Balde. Elles attendirent que le garde s'en aille.

– Comment vas-tu ? lui demanda Amira, la plus âgée de ses triplettes.

Dans ses yeux, Cyprielle put constater la réelle inquiétude qu'elle avait à son égard, tandis que Balde la toisait, les bras croisés sur la poitrine, immobile pour une fois. Cyprielle retint un sanglot qui menaça d'éclater. Elle n'était pas habituée à tant de sollicitude. Amira était la seule à faire preuve de gentillesse envers elle. Pour Balde c'était différent, elle ne se montrait pas désagréable, juste directe et sans filtre. Elle prit une grande inspiration pour contrôler le tremblement de ses mains et son souffle court.

– Les filles, je ne comprends rien à ce qu'il se passe, expliqua-t-elle d'une voix geignarde qui l'agaça elle-même. Pourquoi Rosala m'accuse ?

– Tu demandes vraiment ? l'interrompit Balde.

– Elle a bien vu que je retenais la fermeture pour permettre à un maximum des nôtres de rentrer se mettre à l'abri ! Vous auriez vu les pertes que nous avions déjà subies dehors, c'était horrible. Comment peut-elle se montrer si perfide ? s'entêta tout de même Cyprielle.

– Le capitaine des gardes a parlé d'une dizaine de morts lors de l'attaque extérieure en plus d'une demi-douzaine de blessés, ajouta Amira pour compléter ses dires. Et pour ce qui est de celle dans la cité, les pertes se chiffrent à bien plus... humaines et matérielles bien sûr. Les réparations ont déjà commencé, mais nous sommes vulnérables tant que nous n'aurons pas reconstruit la muraille.

– Va-t-il y avoir un procès ? enchaîna Cyprielle trop accaparée par son propre sort. Si c'est le cas, il faudra faire venir Conrad. Vous savez, il travaille avec moi ! C'était notre voisin quand on était petites, il a passé le rituel en même temps que nous… C'est pour lui que j'ai retenu la porte, pour qu'il puisse entrer, il était le dernier. Je ne pouvais pas le laisser dehors se faire tuer quand même ! Le régent ne va pas me reprocher d'avoir sauvé des humains !

Les triplettes se regardèrent avec un air grave. Cyprielle ne put s'empêcher de se sentir exclue une fois de plus de leur échange silencieux. Un pincement lui serra le cœur, elle se mordit la lèvre. Elle crispa ses poings pour chasser cette sensation. Elle avait plus important à penser pour l'heure.

– Il y a une chose que tu dois savoir… commença Amira sans parvenir à poursuivre.

– Conrad ne sera pas en état de témoigner, continua Balde de son ton franc et sans détours. Lui et tous ceux qui ont été blessés par des léons ont développé des symptômes qui nous étaient jusqu'à présent inconnus.

– Mais de quoi tu parles ? demanda-t-elle en fronçant les sourcils.

– C'est simple, tous ceux qui ont été mordus, s'en prennent à présent aux humains qui passent à proximité, raconta Balde et essayent de les mordre…

– Quoi ? Mais qu'est-ce que c'est que cette histoire de fou ?

– Je te le fais pas dire !

– Les gardes ont été obligés d'enfermer les mordus comme on les appelle déjà, ils sont en quarantaine, suivis par nos guérisseurs qui ne s'expliquent pas cette… transformation, compléta Amira.

Cyprielle repensa à celui qui l'avait charriée et aidée pendant l'attaque des lézards des marais. Elle ne connaissait même pas son nom. Elle comprit qu'au fond d'elle-même sa gentillesse l'avait fait espérer quelques instants qu'elle le reverrait pour continuer à plaisanter et échanger sur le nombre de prédateurs qu'ils avaient tués chacun. Elle réalisa qu'une fois de plus, le destin se jouait d'elle. Née triplette, elle était désormais mise à l'écart de ses sœurs sans qu'elles en soient vraiment responsables, mais plus par la force des choses et des traditions. Rebut depuis son échec au rituel, elle n'avait pas d'amis et s'était mise à espérer qu'il pourrait en devenir un. Car il n'avait pas semblé manifester le moindre intérêt à son statut de laissée-pour-compte. Cyprielle se força à se concentrer sur l'odeur de renfermé qui lui chatouillait les narines pour s'empêcher de penser davantage à ce qui aurait pu être. Son destin était de finir isolée, elle le savait depuis toujours et pourtant elle se prenait toujours à rêver. Elle se rabroua pour redescendre sur terre.

– Vous avez une théorie ? demanda-t-elle avec espoir à ses triplettes.

– Pas l'ombre d'une hypothèse, répliqua Balde, agacée de sa propre faiblesse.

– Se pourrait-il que les prédateurs aient de nouveau évolué… commença Cyprielle en réfléchissant à voix haute. Ce ne serait pas la première fois !

– Ça pourrait être une explication plausible, l'encouragea Amira.

– Est-ce que vous avez entendu parler de faits similaires dans d'autres cités ? poursuivit Cyprielle ragaillardie par les encouragements. Je ne sais pas si des caravanes sont arrivées dernièrement.

Ses triplettes secouèrent la tête de gauche à droite.

– Alors, nous devons prévenir les autres cités.

– Le régent n'est pas de cet avis, l'interrompit Balde. Il pense que le mal dont souffrent les mordus va passer. Il pense que ce n'est qu'une fièvre et qu'ils ne vont pas tarder soit à mourir, soit à s'en remettre, expliqua-t-elle en haussant les épaules.

– Mais c'est complètement stupide ! On n'a jamais entendu parler d'un tel phénomène. Il faut alerter le conglomérat, faire venir des spécialistes. Ne me dis pas que nos médecins, qui ne savent pas reconnaître un refroidissement d'une maladie chronique, vont être capables d'étudier ce mal !

– Cyprielle, nous sommes d'accord avec toi, la calma Amira. Cependant, tu sais très bien que nous n'avons pas ce pouvoir, et toi encore moins. Pour l'heure, tu dois te concentrer sur ta défense et rien d'autre. Car il va y avoir un procès et je peux t'assurer que les gens vont vouloir un responsable à toute cette catastrophe. Cela faisait une éternité que nous n'avions plus subi autant de pertes. Tout ce que j'espère, c'est que tu auras un traitement de faveur parce que tu es notre sœur.

– Ne rêve pas Amira, tout le monde déteste Cyprielle. Sans vouloir t'offenser, frangine, lui lança Balde avec son aplomb habituel.

Et elle avait raison, la débroussailleuse ne pouvait pas lui reprocher d'énoncer la vérité. Tout le monde la haïssait ou la traitait avec indifférence. Elle réalisa alors qu'elle risquait d'être la coupable idéale. Une goutte de sueur dégringola le long de sa colonne vertébrale. Elle réprima un violent frisson.

– D'accord, quelle est la suite pour moi ?

– Il va y avoir une enquête, reprit doucement Amira en s'approchant d'elle pour lui effleurer le bras.

Cyprielle hocha la tête sans plus réussir à regarder ses sœurs en face. Ses jours étaient comptés, elle le savait à présent. Même si elle s'y était préparée toute sa vie, elle réalisa que le pincement qui lui oppressait la poitrine était bien réel. Elle s'était crue assez forte pour endurer tout cela, elle comprit que ce n'était pas le cas. Ses années en tant que débroussailleuse l'avaient certes endurcie, mais apparemment pas suffisamment pour ce qui l'attendait. Une enquête, un procès, des gens qui témoigneraient contre elle. Aucun n'avait de raison de la défendre…

– Les parents… commença-t-elle dans un souffle à peine audible.

Amira prit une grande inspiration, lança un regard vers sa cadette qui n'échappa pas à la jeune femme, avant de secouer la tête d'un air contrit. Cyprielle comprit qu'ils ne viendraient pas la voir en prison et ne témoigneraient certainement pas en sa faveur. Même si elle s'en doutait, cela ne l'empêcha pas de sentir un sanglot se frayer un passage jusqu'à sa gorge. Elle ferma les poings jusqu'à les faire trembler, pas question qu'elle pleure pour ses géniteurs. Ils ne méritaient pas qu'elle ait la moindre émotion à leur égard. De l'indifférence, rien d'autre. C'était tout ce que Cyprielle pouvait leur offrir. Amira serra son bras avant de le lâcher.

– Ne t'inquiète pas Cyp', nous on témoignera en ta faveur pour le procès. On a déjà expliqué au régent que tu t'étais comportée comme une héroïne.

Amira parla d'une voix trop aiguë qui dénotait son malaise. Cyprielle comprit que même ses sœurs ne croyaient pas à l'issue favorable de toute cette mascarade. Elle prit une profonde inspiration pour oser poser la question qui lui brûlait les lèvres, mais qu'elle refusait pour autant de demander.

– Et si les conclusions sont mauvaises ?

– Tu seras bannie de la cité, indiqua Balde sans détour.

De retour au travail

Rosala tendit à Cyprielle le lance-flamme d'un collègue qui n'en aurait plus besoin.

– Et tâche de ne pas le bousiller celui-là ! grogna-t-elle. D'ailleurs, c'est juste une mise à disposition, ne va pas croire qu'il t'appartient. Et je retiendrai sur ta paye les réparations pour celui que tu as cassé, finit Rosala avec un sourire mauvais sur les lèvres.

La cheffe de troupe se planta devant Cyprielle en croisant les bras sur sa poitrine dans un geste provocateur. La débroussailleuse hocha la tête en silence avant de s'éloigner pour se mettre au travail. Cyprielle avait eu le droit d'y retourner le temps que l'enquête soit diligentée. L'équipe de débroussailleurs avait besoin de tous ses membres… Elle était sous l'étroite surveillance de sa cheffe qui ne la quittait jamais des yeux et n'hésitait pas à la rabrouer encore plus que d'habitude. Cyprielle faisait le dos rond. Elle préférait participer à la reconstruction de la cité en élargissant le périmètre de sécurité plutôt que de continuer d'attendre son sort dans la prison sans voir la lumière du jour ni croiser personne. Elle avait cru devenir folle dans sa cellule pendant les deux jours qu'avait duré sa détention. Elle qui ne savait pas rester inactive.

Cyprielle n'avait pas le droit de s'écarter pour s'isoler comme elle aimait le faire en temps normal, elle devait demeurer dans le champ de vision de Rosala et supporter ses moqueries de mauvais goût. Il fallait croire que dénoncer quelqu'un de son équipe ne faisait pas partie des actes qui la dérangeaient, se dit Cyprielle en observant le mépris dans son regard. La jeune femme était juste heureuse d'êtrc de retour dehors, de sentir l'air dans ses cheveux, le soleil qui lui chauffait les mains. Elle souffrait encore de courbatures à la suite de ses cascades lors de l'attaque. Elle entendit au loin le cri d'oiseaux, tendit l'oreille avec méfiance, puis se détendit en constatant qu'ils ne semblaient pas venir dans leur direction.

Lorsqu'elle actionna son lance-flamme, la débroussailleuse eut l'impression d'entendre les plantes gémir, mais c'était sûrement le fruit de son imagination. Elle avait eu le temps de penser aux mordus durant sa captivité et, depuis, elle ne cessait de se demander si les prédateurs n'allaient pas passer à une offensive plus agressive. Après tout, cela faisait des décennies que les camps s'affrontaient sans que personne parvienne à prendre le dessus. Autant la végétation s'était toujours montrée sournoise, patiente, agressant les imprudents qui osaient s'aventurer trop près de leur habitat, mais jamais la flore n'avait conduit de réelles attaques contre les cités. En dehors de leur travail de sape des fondations, ce qui en soi n'était pas très agressif. Oui, la flore essayait de se frayer un chemin jusqu'aux murailles pour tenter des percées, mais les humains avaient toujours réussi à s'en protéger. Malia avait suffi à servir d'exemple pour l'ensemble des cités qui n'avaient plus jamais laissé les plantes s'approcher de leur périmètre. Mais à part le cas de cette cité qui remontait à des décennies, la végétation n'était plus parvenue à faire de percées depuis. Les plantes étaient trop lentes, leurs attaques demandaient de la patience et du travail dans l'ombre donc les humains avaient plutôt l'ascendance dans leur guerre contre la flore. Mais contre les prédateurs ! C'était une tout autre histoire, car eux étaient organisés, pour beaucoup, ils chassaient en meute, ce qui les rendait dangereux et véloces. Ils n'hésitaient pas à s'en prendre aux convois de caravanes même lorsqu'elles ne passaient pas à proximité de leur territoire. Leur combat contre les bêtes était bien plus prenant et inquiétant pour la survie de l'humanité, car elles faisaient des dégâts au sein des hommes. Et si les prédateurs se mettaient à former des alliances et à transformer ceux qu'ils blessaient, l'humanité était en mauvaise posture. Cyprielle s'alarmait de tout cela, surtout qu'elle constatait que ceux qui régissaient la cité n'avaient pas l'air de mesurer l'ampleur du problème. La débroussailleuse n'était pas de nature pessimiste, juste réaliste. Elle observait les faits et tirait ses propres conclusions. Elle se rapprocha de Rosala qui discutait avec d'autres collègues pour écouter, dans l'espoir d'en apprendre plus sur les décisions du régent.

– C'est moi qui ai dit au régent d'élargir notre périmètre de désherbage, claironnait-elle en gonflant la poitrine. Il est temps qu'on reprenne le contrôle de notre territoire ! j'ai ajouté et qu'on botte les fesses à ces fichus prédateurs. S'ils croient qu'ils vont pouvoir nous attaquer en toute impunité, ils se trompent. Avec un périmètre complètement élagué de plusieurs kilomètres à la ronde, plus question d'attaques-surprises cachées dans les bosquets, expliqua-t-elle comme si elle était une spécialiste de la faune.

– Ça veut dire plus de travail pour nous, cheffe ? demanda un petit gringalet au nez tordu qui cracha au sol pour exprimer son mépris face à cette idée peu réjouissante. Tu veux nous tuer à la tâche ?

Sa remarque souleva quelques encouragements du côté des autres débroussailleurs qui s'étaient, eux aussi, arrêtés pour suivre la discussion. Le métier était déjà bien assez éreintant sans ajouter des heures supplémentaires à n'en plus finir. Car le gringalet n'avait pas tort, si la remarque de Rosala recevait une écoute positive du régent, cela voulait dire des heures supplémentaires pour leur groupe déjà en sous-effectif et au maximum de leur capacité. Il n'était pas question de recruter de nouveaux volontaires, puisque tout le monde à Marlimar exerçait déjà un métier. Le contraire était impossible, la survie de l'humanité fonctionnait comme cela. Tout le monde devait participer et servir le bien commun, les ressources étaient non seulement une denrée rare, mais aussi très difficiles à cultiver. Leur muraille n'était pas extensible, aussi les plantations et récoltes se faisaient à l'intérieur de la cité. Chaque aliment, chaque produit était calculé, pesé et réparti en fonction de l'utilité de la personne au sein de la communauté. Pas question d'entretenir des bons à rien sur Djakarou, leur planète.

– Et alors, tu vas pas te plaindre de bosser ! Tu veux que je te rappelle ce qu'on fait des inutiles ? cria-t-elle en jetant à Cyprielle un regard implacable. On les bannit ! Ils sont obligés de quitter la cité, à pied ! Sans équipement, sans véhicule, armé seulement de ce qu'ils ont été capables de trouver.

Rosala éclata de son rire gras et grinçant, elle se réjouissait de ce genre de sanction. Elle aimait regarder les gens souffrir et n'avait visiblement aucun doute sur le sort qui attendait Cyprielle à la suite de l'enquête. La jeune femme s'éloigna discrètement de la discussion qui prenait une mauvaise tournure et démontrait l'exaspération et la fatigue de ses collègues. Débroussailleur était un des métiers les plus importants de la cité et pourtant, ils étaient mal considérés, exploités et mal nourris. Beaucoup d'entre eux profitaient de leur temps libre pour s'adonner au marché noir en cultivant de minuscules plants dans leur loge, trafiquant ce qu'ils pouvaient, afin d'arrondir quelque peu leur paye. Plus d'heures voulait aussi dire moins de temps pour ce genre d'activités et leur cheffe n'était pas dupe, Cyprielle en était certaine. Elle reprit son labeur en essayant de ne pas penser à la suite. Même si elle n'était pas heureuse à Marlimar, elle n'avait jamais envisagé de la quitter. Elle n'avait jamais vécu ailleurs qu'ici. Elle n'était pas une aventurière dans l'âme ! De toute façon, elle ne voyait pas bien ce qu'elle aurait pu faire d'autre que le métier qu'elle exerçait déjà ici. Et elle avait ses sœurs ! Certes, elles ne partageaient pas la même loge, Amira et Balde en avaient une spacieuse sur les hauteurs tandis que la débroussailleuse se contentait d'une pièce unique au sol, mais tout de même, elle n'envisageait pas de ne plus vivre dans la même cité que ses triplettes.

Cyprielle transpirait déjà dans la chaleur matinale, ses doigts glissaient sur le manche du lance-flamme et elle était obligée de les essuyer sur sa salopette régulièrement. Elle pensa à ses parents qu'elle n'avait plus revus depuis son échec au rituel. Comme à chaque fois qu'elle pensait à eux, sa poitrine se serra. Ils n'avaient évidemment pas daigné venir la voir en prison. Même si elle n'avait pas été étonnée, elle comprit qu'au fond d'elle, elle avait entretenu un mince espoir. En même temps, elle imaginait déjà les remarques de sa mère.

– Cyprielle n'a pas fini de nous embarrasser, devait-elle répéter à toutes ses voisines. D'abord elle nous a fait honte et maintenant ça ! Elle est responsable de la désolation de la cité. C'est pour ça qu'avec son père, nous l'avons déshéritée ! Heureusement que nous avons Amira et Balde…

Son père, lui, avait poussé le vice plus loin, car il avait carrément banni son prénom de sa bouche. Pour lui, sa fille était morte le jour du rituel, comme cela pouvait arriver chez certains enfants. Cyprielle savait, par le biais de ses sœurs, que sa mère ne parlait d'elle qu'en termes négatifs, seulement lorsqu'elle était avec ses amies et jamais si son père se trouvait dans les environs.

La débroussailleuse scrutait la parcelle de pierre devant elle à la recherche de racines, herbes ou même insectes qui tenteraient de se frayer un chemin jusqu'à la cité, lorsqu'elle entendit un cri. La jeune femme se retourna et découvrit ce qu'un de ses collègues pointait du doigt : un aéronef de combat ! Que faisait-il ici ? Pourquoi le conglomérat avait-il envoyé ses troupes armées à

Marlimar ? Étaient-ils déjà au courant de l'attaque qu'ils avaient subie ? Ou venaient-ils pour elle ? Cyprielle se sentit blêmir. Se pouvait-il que le régent ait prévenu le conglomérat de ce qu'on lui reprochait et qu'à la vue du nombre de pertes humaines et matérielles, ils avaient décidé de venir eux-mêmes pour conduire une enquête ? Cyprielle essaya de se ressaisir, la temporalité ne tenait pas. La cité-état d'Hija ne pouvait pas être déjà au courant et avoir envoyé des troupes, impossible. Le voyage était bien plus long. Mais alors que faisaient-ils ici ? Les questions affluaient dans la tête de Cyprielle alors qu'elle observait l'aéronef amorcer sa descente vers l'astroport de Marlimar.

– J'te paye pas pour glander, tire-au-flanc, l'engueula Rosala. Tu les verras bien assez tôt les mercenaires du conglomérat, t'inquiète pas !

– Qu'est-ce que tu racontes ? osa Cyprielle.

– Pourquoi tu crois qu'ils sont là ? C'est le bras armé du conglomérat, les gars ils viennent pas pour faire du tourisme ! Ils vont pouvoir évaluer ta responsabilité dans toute cette affaire et peut-être même qu'ils vont t'emmener avec eux à Hija pour y recevoir ta sentence, qui sait, s'enthousiasma sa cheffe.

– J'ai rien fait de mal, tenta Cyprielle vaillamment.

– Ouais, c'est ça, s'amusa Rosala en s'éloignant. Je sais ce que j'ai vu, moi !

Cyprielle essaya de croiser le regard de ses collègues dans un vain espoir de solidarité. Ils baissèrent tous le nez pour éviter son œil accusateur et blessé. Elle abandonna, personne ne voulait se risquer à défendre une rebut accusée de la destruction de la cité et de la mort de ses habitants.

En fin de matinée, le nœud de son estomac commençait à se desserrer. Si les mercenaires étaient vraiment là pour elle, ils seraient déjà venus la chercher, non ? Ils n'étaient pas réputés pour leur patience. Elle était sûre qu'ils n'auraient pas attendu tranquillement la fin de sa journée de travail. Leur présence devait être liée à autre chose. Alors que Cyprielle enflammait des mauvaises herbes à la limite de la zone à défricher, un mal de tête effroyable la força à s'incliner en se prenant le crâne entre les mains. Sans s'en rendre compte, elle était tombée à genoux, son lance-flamme s'était éteint lorsqu'elle avait arrêté d'actionner le piston.

– Ça va, gamine ? lui demanda Acelin qui s'était approché tout en faisant un rempart de son corps pour la cacher de Rosala. Relève-toi, ne lui donne pas une nouvelle excuse !

– J'essaye, couina Cyprielle qui ne s'expliquait pas ce qui lui arrivait.

Elle se força tout de même à se remettre sur ses pieds, une grimace lui barrant le visage. La douleur était terrible, elle avait l'impression que quelqu'un tentait de lui ouvrir le crâne avec un couteau. C'est alors qu'elle comprit. Des gens faisaient du mal à ses triplettes. Amira et Balde essayaient de se défendre, mais pour une raison obscure, elles n'y parvenaient pas. La débroussailleuse n'avait jamais vécu ce genre d'expérience, mais ce dont elle était sûre, c'est qu'elle ne laisserait pas ses sœurs en danger. Elle força ses yeux à se focaliser sur l'instant au lieu de lui montrer des visions fugaces de ses sœurs, comme c'était le cas depuis que le mal de crâne l'avait pris. Elle regarda autour d'elle en papillonnant des paupières Des larmes coulèrent sur ses joues. Elle vit son collègue, toujours auprès d'elle, son visage ridé et couvert de cicatrices, tout froncé d'inquiétude. La jcune femme n'eut pas le temps de s'en étonner qu'elle vérifiait où Rosala se trouvait.

– J'ai besoin de ton aide, Acelin, lui dit-elle en posant la main sur son épaule et en haletant sous la douleur qu'elle continuait de percevoir.

Le vieil homme hocha la tête sans discuter, ni demander plus de détails. Cyprielle respira un peu mieux. Elle lui sourit et prit la direction des portes de la cité. Comme elle s'y attendait, Rosala vint à sa rencontre en grandes enjambées mécontentes dès qu'elle la vit s'éloigner de son poste de travail.

– Où crois-tu aller ? Tu retournes immédiatement à ton poste ! lui cracha-t-elle en faisant de grands gestes dans la direction d'où elle venait.

– Mes sœurs sont en danger, je dois aller les aider, expliqua-t-elle avec plus d'aplomb qu'elle n'en ressentait.

Elle vit sa cheffe se décomposer l'espace de quelques secondes en entendant que les éveillées de la cité étaient en danger, puis elle se ressaisit aussitôt en fronçant les sourcils et en se calant devant sa subalterne pour faire barrage de son corps.

– Pff, et comment tu peux savoir ça, toi ? T'as pas l'impression de te foutre de ma gueule ? Et même si c'était vrai, je vois pas ce qu'une débroussailleuse pourrait faire. Laisse les gens utiles faire leur job et contente-toi de faire le tien, pour une fois.

– J'ai pas de temps à perdre avec une idiote comme toi, Rosala, s'emporta Cyprielle que la douleur au crâne et l'urgence de la situation rendaient impatiente. Laisse-moi passer !

Elle vit les joues de sa cheffe changer de couleurs jusqu'à devenir violet foncé. Elle crut un instant qu'elle avait avalé sa langue, pas habituée à ce qu'on lui réponde. La débroussailleuse aurait pu s'en réjouir, mais le temps pressait. Elle sentait

Amira affolée et Balde en colère. Elle prendrait le temps plus tard, lorsque tout serait redevenu normal, d'analyser comment elle pouvait ressentir les émotions de ses sœurs, mais pour l'heure, elle devait juste leur apporter son aide. C'était tout ce qui comptait, c'était tout ce que son cerveau reptilien lui dictait de faire.

– Dois-je te rappeler les termes de ta libération sous serment, rebut ? Tu es sous ma responsabilité en attendant que la lumière soit faite sur ton rôle dans l'attaque de la cité. C'est simple, si tu désertes ton poste, tu es condamnée.

L'aéronef

Cyprielle, dans l'urgence de la situation, avait oublié ce détail. Si elle quittait son poste, elle se condamnait elle-même. Et si elle était reconnue coupable, cela voulait dire le bannissement… Le capitaine de la garde avait été extrêmement clair à ce sujet. Elle n'avait le droit de sortir que sur les heures de travail. Le soir, elle rentrait dormir à la prison en attendant les conclusions de l'enquête. Rosala était chargée de veiller à ce qu'elle respecte scrupuleusement les termes de cette flexibilité quant à son emprisonnement. En aucun cas, elle ne pouvait vaquer à d'autres occupations. Cyprielle hésita. Était-elle prête à risquer sa vie pour ses triplettes ? Elle connaissait la réponse.

C'est alors qu'elle entendit une énorme détonation dans son dos, suivie par des cris de stupeur et de peur. Rosala fronça les sourcils en regardant dans la direction du bruit. Un attroupement se formait déjà, si bien qu'elle ne distinguait rien. Sa curiosité prit le dessus et elle partit, en invectivant tout le monde, retrouver le reste de la troupe pour découvrir qui était à l'origine de tout ce brouhaha. Cyprielle savait, elle. Acelin lui fournissait la diversion dont elle avait besoin. Elle ne perdit pas une minute de plus, dessangla son lance-flamme et courut en direction de la cité en espérant de toutes ses forces qu'elle arriverait à temps pour ses sœurs. La douleur continuait à lui vriller les tempes. Des images tentaient de lui boucher la vue en se superposant sur son champ de vision. Elle apercevait des images fugaces de mercenaires en armure, d'aéronef, de bousculades, de ses sœurs cramponnées l'une à l'autre. Elle n'y comprenait rien, mais ce dont elle était sûre, c'était que les gardes les emmenaient contre leur volonté. Et la jeune femme était bien décidée à ne pas les laisser faire.

Elle se faufila sans difficulté à travers le trou de la porte. Les habitants n'avaient pas encore eu le temps de reconstruire la muraille, évidemment. Des ouvriers étaient au travail.

– Qu'est-ce qui se passe ? leur demanda-t-elle en escaladant les éboulis de rochers.

– Les éveillées sont réquisitionnées par le conglomérat, répondit l'un d'eux en s'appuyant sur sa pelle. Hé ! Tu serais pas…

Cyprielle vit un autre ouvrier donner un coup dans les côtes du premier pour le faire taire. Il écarquilla les yeux en détournant la tête, soudain mal à l'aise. Mais elle savait pertinemment ce qu'il s'apprêtait à dire… qu'elle était la sœur des éveillées. Lorsqu'il comprit les implications de ce qu'il venait d'énoncer, il se remit au travail en ignorant la débroussailleuse autant qu'il put. Elle reprit sa route, la boule au ventre, anxieuse de ne pas arriver à temps. Les ouvriers la laissèrent passer sans se préoccuper de savoir ce qu'elle espérait faire. À vrai dire, elle n'en avait pas la moindre idée. Elle se dit qu'elle improviserait devant les mercenaires. Elle slaloma entre les gravats, chariots et brouettes qui étaient entassés devant les restes de la porte et bifurqua vers la gauche pour emprunter la route principale qui montait directement jusqu'au sommet de Marlimar. La route était très pentue, car les hauteurs de la cité se trouvaient bien au-dessus de la cime des arbres. Même en se dépêchant, elle en avait pour un petit moment. Il y avait cinq niveaux à franchir avant d'atteindre les rues principales de la cité. Cyprielle avait beau être habituée aux travaux éreintants, elle n'en était pas moins essoufflée. Heureusement qu'elle s'était débarrassée de son lance-flamme, sinon elle n'aurait jamais pu tenir un tel rythme. À mesure qu'elle grimpait, la population devenait plus dense, elle dut ralentir pour se frayer un chemin. Elle n'y arriverait jamais. Tout le monde était venu assister à l'attraction que des mercenaires du conglomérat représentaient. Ce n'était pas tous les jours qu'ils recevaient de la visite. Cyprielle ne put s'empêcher de repenser à ce que l'ouvrier lui avait dit avant de réaliser à qui il parlait. Il avait indiqué que les éveillées étaient réquisitionnées. Qu'est-ce que cela signifiait ? Le conglomérat disposait bien évidemment de son lot d'éveillés et en nombre bien suffisant. Contrairement à eux qui n'avaient plus qu'Amira et Balde pour les défendre depuis que les autres étaient morts prématurément. N'avoir que deux éveillés pour une cité aussi grosse que Marlimar était très insuffisant, mais la règle était très claire, les éveillés restaient dans leurs cités d'origine. Ils vouaient leur vie à protéger la cité qui les avait vus naître. C'est pourquoi le régent n'avait pas eu le droit de demander des renforts lorsque leurs forces s'étaient réduites comme peau de chagrin. Les habitants n'avaient plus qu'à espérer qu'il n'y ait pas d'attaques de prédateurs et que les prochains rituels révéleraient de nouveaux éveillés. Ce qui n'était plus arrivé depuis celui d'Amira et Balde, seize ans plus tôt. Cyprielle savait que beaucoup s'inquiétaient de cela et à juste titre. Comment feraient-ils si plus personne ne s'éveillait ? Et pourquoi plus personne ne s'éveillait ? Se pouvait-il que les dieux se soient détournés d'eux ? Cyprielle n'en savait rien et ne se serait pas amusée à faire des conjectures. Elle préférait analyser les faits plutôt que s'abandonner à des inquiétudes mystiques.

La jeune femme se retrouva bloquée par la foule qui s'était formée près de l'astroport. Elle essaya de trouver un accès sans succès, les gens refusaient de se décaler et encore moins de la laisser passer. Son mal de tête s'était calmé, même si elle percevait toujours la détresse d'Amira et la colère sourde de Balde. Elle n'avait jamais ressenti les émotions de ses sœurs avec cette netteté jusqu'à présent, mais n'avait pas le temps de s'interroger sur la raison de ce changement. Sur la pointe des pieds, elle avisa des gardes de la cité qui faisaient barrage pour empêcher les gens trop curieux de s'approcher de l'aéronef. Il y avait du mouvement tout autour du vaisseau de combat. Des hommes, visiblement des mercenaires, car Cyprielle ne reconnaissait pas leur uniforme, s'agitaient autour du vaisseau, terminant des préparatifs.

– Que font-ils ? demanda-t-elle à son voisin en tentant toujours de voir par-dessus les têtes des curieux.

– Ils se préparent à appareiller, lui répondit ce dernier sans détacher ses yeux du spectacle.

– Déjà ? s'alarma Cyprielle, mais ils viennent juste d'arriver… Ils ne restent pas ?

– J'ai entendu un garde dire qu'ils avaient d'autres cités à visiter pour récupérer les autres éveillés, l'informa un autre homme sur sa gauche dont le visage bouffi témoignait d'un excès d'alcool. Si c'est pas un scandale, poursuivit-il en chuchotant. On vient juste de subir la pire attaque de prédateurs de tous les temps, et eux ils arrivent la bouche en cœur et ils nous enlèvent nos éveillées ! Comment on va se défendre si elles ne sont plus là, hein !

– Il paraît que le régent a protesté, qu'il a même caché les sœurs au début, mais qu'il n'a rien pu faire, ajouta un autre. Le capitaine des mercenaires l'a menacé de le pendre sans plus de procès s'il ne lâchait pas l'affaire.

– Mais pourquoi Amira et Balde n'ont-elles pas déchaîné leurs pouvoirs ? demanda-t-elle comme si elle ne les connaissait pas personnellement.

Heureusement, la population était trop occupée à regarder en direction des préparatifs pour s'intéresser à ceux qui discutaient, sinon les passants l'auraient peut-être reconnue malgré le foulard dissimulant son tatouage. Tout le monde pouvait reconnaître sa tête. Ce fameux tatouage qui lui rappelait tous les jours qu'elle avait échoué. Car oui, le tatouage, la marque des éveillés, était apparu sur son front, mais il ne s'était jamais illuminé comme celui de ses sœurs.

– Moi j'ai entendu un garde raconter que les sœurs avaient été enchaînées et que les mercenaires leur avaient passé une sorte de collier qui les empêche d'exercer.

– N'importe quoi, ce genre de collier n'existe pas. Ils les ont bâillonnées. C'est bien connu que sans leur voix, elles ne peuvent rien faire.

– Moi j'ai entendu dire qu'elles avaient été endormies de force…

Les hypothèses se succédaient sans plus éclairer la jeune femme. Des murmures contrariés s'élevèrent tout autour d'elle. C'était sûr que le conglomérat n'avait pas choisi le meilleur moment pour venir les réquisitionner. Cependant, les protestations restèrent à l'état de chuchotement. Personne ne voulait avoir affaire avec les mercenaires du conglomérat. Ils étaient de redoutables combattants, convenablement armés et entraînés. Cyprielle comprit mieux la raison du barrage de gardes. Même si elle doutait que les habitants de Marlimar s'en prennent aux mercenaires, le débordement d'une foule en colère n'était pas à ignorer. Elle choisit de s'extraire de l'attroupement, elle n'arriverait pas à se frayer un chemin par là. Elle observa son environnement à la recherche d'une idée. La place de l'astroport était vaste pour laisser la possibilité de charger et décharger les caisses de ravitaillement. De nombreux ponts et renforts suspendus leur permettaient de s'amarrer en fixant leurs pinces sur les structures de la muraille afin d'éviter que l'aéronef n'ait besoin de se poser sur des routes pas assez solides pour supporter son poids. Autant un petit aéronef monoplace ou biplace pouvait atterrir sans souci, autant les énormes vaisseaux de transports commerciaux et militaires ne le pouvaient pas. Ils se contentaient donc de s'agripper, par le biais de leurs pinces, sur le côté de la muraille, à flanc de sommet.

Elle avisa un passage étroit sous un empilement de caisses, ne réfléchit pas plus et s'élança. Elle glissa à quatre pattes pour se faufiler dans l'ouverture. De l'autre côté, elle se retrouva nez à nez avec les fesses d'un garde. Elle grimaça en essayant de se relever sans le bousculer. Elle se contorsionna alors que l'homme sautillait d'un pied sur l'autre en se tordant le cou pour voir l'aéronef. Il sentit finalement la présence de Cyprielle derrière lui, car il se raidit en resserrant ses mains sur la poignée de sa lance. Lorsqu'il se retourna, la débroussailleuse leva les mains pour l'apaiser.

– Je ne te veux pas de mal, garde. Est-ce que tu sais qui je suis ? questionna-t-elle en chuchotant pour éviter d'attirer l'attention de ses comparses un peu plus loin.

Il la dévisagea, puis lorsqu'il la reconnut, hocha la tête, intrigué, avant de jeter un œil dans les environs, se demandant sûrement comment elle avait pu se matérialiser derrière lui sans qu'il s'en rende compte. Il s'inquiéta alors de savoir s'il devait la dénoncer avant qu'on lui reproche une quelconque négligence.

– Ne t'inquiète pas, tu n'auras pas de problèmes, le prit de vitesse Cyprielle en le voyant se mettre à suer à grosses gouttes. Si tu sais qui je suis, tu sais aussi que mes sœurs ont été réquisitionnées. J'ai été interrompue dans mon travail en catastrophe, car le régent m'a fait mander.

Le mensonge venait tout seul dans sa bouche et elle voyait le garde toujours crispé, mais prêt à l'écouter tout de même. Tout le monde était friand d'informations qu'il serait le seul à connaître afin de pouvoir ensuite s'en vanter auprès de ses collègues autour d'un verre.

– Le conglomérat a fait savoir qu'il avait besoin de tous les éveillés, y compris les « ratés ».

– Et pourquoi il aurait besoin de « ratés » ? demanda-t-il soudain, curieux.

– J'aimerais bien le savoir, soupira-t-elle en haussant les épaules. Mais crois-tu vraiment qu'on va prévenir une débroussailleuse des plans du conglomérat ? Toujours est-il que je dois me présenter au capitaine des mercenaires.

Alors qu'il s'apprêtait à s'écarter pour la laisser passer, elle vit soudain un pli soucieux lui barrer le visage tandis que son cerveau réfléchissait à toute vitesse. Cyprielle se demanda si elle n'allait pas le voir se mettre à fumer des oreilles tellement il semblait concentré. C'était mauvais signe pour elle cependant. S'il ne croyait pas son mensonge, elle se ferait virer et ne parviendrait pas à atteindre le vaisseau.

– Attends un peu, dit-il enfin au prix d'une énorme réflexion. Si tu es convoquée, pourquoi tu passes par là au lieu d'emprunter le chemin principal.

– J'ai bien essayé, mais la foule est si dense, personne n'a voulu me laisser passer. Tu sais bien comment sont traités les débroussailleurs ! tenta-t-elle avec une moue fataliste.

– Ouais, c'est pas faux, répondit-il en hochant la tête. Le régent aurait pu t'envoyer des gardes pour t'aider à venir jusqu'ici, mais j'imagine qu'il n'a pas pensé qu'il y aurait autant de monde. Faut dire, c'est pas tous les jours qu'on voit les mercenaires de nos propres yeux, hein ?

– C'est sûr, rebondit-elle en essayant de cacher son anxiété par rapport à l'urgence de la situation. Maintenant, si tu permets... poursuivit-elle en montrant le chemin jusqu'à l'aéronef, il faudrait pas que je les fasse attendre.

– Arf, c'est clair ! Déjà que tu n'es pas à ton avantage, en tant que « ratée », alors si en plus tu les retardes... Allez, passe, dit-il à Cyprielle en s'écartant de son chemin.

La débroussailleuse le remercia de la tête en veillant à bien cacher son soulagement. Elle s'engagea vers l'arrière du vaisseau, heureuse d'avoir réussi à duper si facilement le garde. En même temps, les mercenaires inspiraient une telle peur chez la population que le choix de l'homme avait dû rapidement se faire : entre risquer le mécontentement des mercenaires ou laisser passer une débroussailleuse insignifiante… Arrivée à proximité de l'aéronef, Cyprielle prit le temps de se cacher pour analyser la situation. Elle ne savait pas comment parvenir à monter dans le vaisseau sans éveiller de soupçons. Elle ne voyait ses sœurs nulle part et imagina qu'elles étaient à l'intérieur plutôt que sur le pont, où seules des personnes armées s'affairaient. Les mercenaires ne plaisantaient pas avec la sécurité. Tous les membres de l'équipage étaient en armure et armés, prêts à contrer n'importe quelle menace, qu'elle vienne de terre ou des airs. L'aéronef était en fer, lui aussi lourdement équipé. Ses énormes hélices de chaque côté de l'habitacle et à l'arrière permettaient au vaisseau de s'envoler, de virer et d'avancer très rapidement, bien plus que les vaisseaux commerciaux qui n'en avaient qu'une. La jeune femme ne comprenait pas pourquoi ses sœurs s'étaient laissées emmener si elles n'en avaient pas envie ni pourquoi elles ne s'étaient pas défendues. Les hypothèses entendues dans la bouche des badauds la laissaient perplexe. Comment étaient-ils parvenus à contrôler le pouvoir de ses sœurs ? Ce dont elle était sûre, c'était qu'elle avait ressenti leur frustration, mais aussi qu'elles se faisaient malmener. Elle imagina que ses triplettes n'avaient pas osé défier des mercenaires, elles non plus, de peur des représailles. Elle s'étonna tout de même de leur réticence. Que s'était-il passé pour qu'elles refusent de se laisser emmener ? La situation devait être grave pour que le conglomérat prenne cette décision, mais en même temps ce qu'ils avaient découvert sur les mordus était inquiétant. Le conglomérat devait sûrement être au courant et préparer une offensive de taille. Il fallait peut-être lui faire confiance ? Beaucoup trop de questions restaient sans réponse.

Les derniers préparatifs sont presque finis, c'est maintenant ou jamais, se dit-elle. Elle prit la direction des deux mercenaires qui se trouvaient à l'arrière de l'aéronef, en marchant le plus normalement qu'elle put, essayant d'empêcher ses jambes de trembler et son souffle de manquer. Ils s'interrompirent en la voyant arriver et sortirent leur arme.

– Dégage de là, toi ! Tu vois pas que l'accès est interdit ? s'énerva le plus petit des deux.

Cyprielle ne distinguait pas leur visage, caché derrière leur casque. Elle essaya de ne pas rebrousser chemin, se força à continuer à avancer en levant encore une fois les bras en l'air. Elle avait bien l'intention de retenter le même mensonge qu'avec le garde.

– Je suis attendue, répondit-elle avec plus d'aplomb qu'elle n'en ressentait. Je suis la sœur des éveillées, Cyprielle… Le régent m'a dit que vous emmenez tous ceux qui sont liés de près ou de loin aux éveillés. Je suis leur triplette, elles ne peuvent pas partir sans moi.

La débroussailleuse vit les gardes échanger un regard à travers leur visière et se mettre à murmurer sans qu'elle distingue ce qu'ils se disaient à cause des casques qui atténuaient leur parole. Les mains toujours en l'air, elle suppliait de toutes ses forces que cela fonctionne. Elle s'approcha en espérant que son assurance suffirait à les convaincre. Alors qu'elle allait passer à côté d'eux, le plus petit l'attrapa par le bras et le tordit violemment.

– Tu crois vraiment qu'une plouc comme toi va nous rouler ? Ma parole, tu nous prends pour des idiots, dis donc. Les ordres sont simples : on est là pour les éveillés, rien de plus. Il termina sa phrase en la forçant à reculer.

Lorsqu'il lâcha, la jeune femme sentit son corps partir en arrière, elle agita les bras en de grands moulinets dans l'espoir de saisir quelque chose pour retenir sa chute. Elle eut le temps d'entendre l'autre garde dire « Mec, t'abuse, t'avais pas besoin de la balancer dans le vide… » avant de tomber à la renverse.

Aucun courage

Cyprielle nageait en plein cauchemar. Elle chutait encore et encore sans parvenir à se rattraper à quelque chose. Était-il possible qu'elle ait glissé ? Elle ne parvenait pas à se souvenir de ce qui lui était arrivé. Elle allait rarement dans les hauteurs de la cité, à cause de son vertige, mais aussi parce qu'elle n'avait rien à y faire. Les débroussailleurs vivaient dans les bas-fonds de Marlimar. Ils ne fricotaient pas avec les marchands et artisans des hauteurs. Mais tout de même, elle avait plutôt le pied sûr en temps normal. Cyprielle n'était pas du genre à trébucher ou glisser, alors pourquoi tombait-elle ? Comment avait-elle pu basculer dans le vide ? C'est alors qu'elle se souvint ! Les mercenaires, ses sœurs, l'aéronef ! Cyprielle écarquilla les yeux en redressant la tête. Une violente douleur lui vrilla le cou.

– Oh là, cascadeuse, pas si vite, tu vas te faire mal, lui dit une voix qu'elle ne reconnaissait pas dans le brouillard de ses pensées. Prends ton temps, tu as quand même fait une belle chute. Heureusement que tu as atterri sur l'auvent de l'étal du niveau en dessous, il a amorti ta dégringolade avant de finir sur les ballots de coton du marchand. Il n'était pas très content des dégâts que tu as causés. Je te jure les gens, toujours prêts à se plaindre. Plutôt que de remercier la muraille pour ta survie, il ne pensait qu'aux réparations qu'il allait devoir entreprendre… Arf, le monde prend une tournure que mes vieux os préféreraient ne pas voir. À quel moment avons-nous perdu notre solidarité, notre empathie ? Plus rien ne compte désormais à part son propre profit. A-t-il réalisé, ce marchand, qu'il venait de participer à un miracle en te sauvant la vie ? Non ! Si son magasin ne s'était pas trouvé là, tu aurais poursuivi ta cascade plusieurs niveaux plus bas et là, j'aurais pas parié sur ta survie !

– Que… quoi… baragouina Cyprielle encore désorientée, qui ne comprenait rien à la logorrhée de l'homme.

– Et alors, débroussailleuse, tu ne reconnais pas ton collègue ? La chute t'a ramolli le cerveau en plus des contusions ?

La jeune femme papillonna des yeux pour éclaircir son regard. Elle ne savait pas où elle se trouvait. Elle était sûre de ne pas connaître la loge dans laquelle elle était allongée. Dehors, il faisait nuit, et l'unique bougie n'éclairait pas suffisamment la pièce pour qu'elle distingue celui qui lui parlait dans l'ombre. Cependant, à présent qu'elle était mieux réveillée, elle crut reconnaître la voix enrouée. En seize ans à bosser à ses côtés, ils n'avaient pas dû partager plus d'une dizaine de phrases par an !

– Acelin… commença-t-elle, hésitante.

– En chair et en os ! Enfin plutôt en os qu'en chair, mais oui c'est moi, répondit le vieil homme en approchant son visage couturé de celui de Cyprielle.

– Mais… tu parles !

– J'aime pas m'étendre au boulot, mais lorsque je suis chez moi, oui il m'arrive que des sons sortent de ma bouche quand je bouge les lèvres, rigola le débroussailleur.

– Il t'arrive ? intervint une voix d'homme qui entra au même moment, tu veux dire qu'on peut pas en placer une, oui !

Cyprielle ne distinguait pas le nouveau venu. Elle avait l'impression d'avoir déjà entendu cette voix, mais n'était sûre de rien. Acelin s'activa dans la pièce pour allumer plusieurs candélabres afin qu'ils puissent y voir clair.

– Je voulais pas te blesser les yeux, c'est pour ça que j'avais pas mis trop d'éclairage, mais j'ai le sentiment que tu ne serais pas contre un peu de lumière, hein, Cyprielle ?

Il n'attendit pas sa réponse et se remit au boulot. Pendant ce temps-là, le nouveau venu se tenait immobile dans l'entrée. La débroussailleuse essaya de se redresser doucement sur son lit et grimaça en sentant que toutes les parties de son corps contestaient. Elle parvint tout de même à s'asseoir sans avoir la tête qui tourne et prit ça comme une bonne nouvelle. Sa chute avait peut-être été impressionnante, mais cela ne semblait pas trop grave. Elle se tâta un peu.

– Tu n'as rien de cassé. Tu dois être sacrément chanceuse, expliqua l'homme avec un brin d'étonnement dans l'intonation.

Lorsqu'Acelin termina d'allumer les lumières, elle put enfin distinguer ses hôtes. Elle sursauta en reconnaissant le nouveau venu.

– J'en ai eu deux, et toi, ton palmarès est monté à combien ? lui demanda-t-il, un sourire en coin sur son visage.

– C'est toi ? Mais tu as été blessé… alors le mal dont souffrent les mordus n'était que temporaire ? Je ne comprends pas…

– Tu parles de ceux qui essayent de nous bouffer depuis qu'ils ont été mordus ? l'interrogea Acelin sans attendre de réponse. Non, ceux-là sont toujours prêts à tout pour manger de la chair humaine. Par contre, on a remarqué que ce genre de mal n'arrive qu'aux personnes qui se sont fait mordre, d'où le joli surnom, pas à ceux qui ont été griffés ou autre.

Cyprielle souffla de soulagement doucement en hochant la tête. Elle comprit qu'elle était heureuse que l'homme aille bien, même si elle ne le connaissait pas. Il s'était montré gentil, cela lui suffisait. Après lui avoir lancé un dernier regard, il s'activa autour des étagères à la recherche de quelque chose, comme s'il était chez lui. Acelin s'assit aux côtés de sa jeune collègue. L'homme sortit des tasses dépareillées et prépara une boisson. Il déboucha une bouteille qu'il avait dégotée derrière une caisse, la renifla, fronça le nez, puis sourit et versa le liquide dans chaque gobelet. Il revint en direction de la paillasse et donna à chacun un verre.

– Tiens, ça va te requinquer ! Fais-moi confiance.

– Mon neveu, Boomer, expliqua le débroussailleur en tendant la main en direction de l'homme, mais je crois que vous vous connaissez déjà ?

– Pas vraiment, répondit ce dernier. On a fait connaissance alors que Cyprielle essayait de garder pour elle tous les prédateurs sans en laisser aux copains.

La remarque fit pouffer la débroussailleuse. Boomer ne semblait pas aussi contrarié que l'ensemble de la population de Marlimar. Il n'était ni terrorisé ni choqué par l'attaque. Cyprielle se sentit déconcertée par sa spontanéité.

– D'ailleurs, j'ai vu ce que tu as fait sur le chef de meute, ce léon. Bien joué ! Tu places la barre haut, là ! Même si certains auraient pu considérer ton acte comme de la pure folie, moi, je dis que je suis impressionné, affirma-t-il avant de boire une gorgée dans son verre.

Pour cacher sa gêne, la jeune femme fit de même. Le liquide se fraya un chemin dans sa gorge en brûlant. Elle toussa. Elle ne s'y était pas attendue. Boomer la regardait avec une étincelle malicieuse dans l'œil. Elle fit comme si elle n'avait rien remarqué et reprit une gorgée plus doucement. La boisson explosa dans sa bouche, mais avait un goût de grillé très agréable. Il hocha la tête, visiblement impressionné. Cyprielle était heureuse de sentir ni jugement ni rejet de sa part, comme s'il ne savait pas qui elle était. La chaleur fournie par l'alcool la ragaillardit. Son esprit recommença à fonctionner correctement et les souvenirs lui revinrent peu à peu.

– Mais alors…

– Tu veux savoir ce qu'il s'est passé, la coupa Acelin. C'est tout naturel.

Cyprielle surprit un regard amusé et attendri de Boomer vers son vieil oncle. Elle en éprouva de l'étonnement et un peu de jalousie. Il semblait très attaché à son parent. Les deux hommes donnaient l'impression d'être très proches et complices. Elle se demanda ce que cela faisait d'avoir quelqu'un comme ça dans son entourage, quelqu'un sur qui compter. Elle était aussi très surprise de découvrir une nouvelle facette d'Acelin. Lui d'habitude si taciturne, discret, maugréant deux syllabes par jour au maximum, était là, épanoui, souriant et de bonne compagnie, presque attentif à Cyprielle et son confort. Elle ne reconnaissait plus l'homme qu'elle avait côtoyé au quotidien.

– Donc comme tu dois déjà le savoir, tu es tombée de la cime de Marlimar. Tu t'es prise pour un oiseau ou quoi ?

– Attends Acelin, je ne suis pas responsable de ma chute. C'est un des mercenaires qui m'a balancée par-dessus le vide.

– Quoi ? s'emportèrent les deux hommes dans un bel ensemble.

La débroussailleuse leur retraça les détails de ce qu'elle avait fait depuis qu'Acelin avait créé une diversion pour elle. Elle en profita pour le remercier, le vieil homme lui fit un signe qui signifiait que ce n'était rien du tout.

– Hmm, ça paraît plus cohérent, oui, fit le vieux débroussailleur en se frottant le menton. Ils ne sont pas réputés pour leur clémence, mais de là à faire du mal à un humain, ça dépasse l'entendement !

– Pourquoi tu penses qu'ils ont fait ça ? l'interrogea Boomer en observant alternativement les deux débroussailleurs.

– Ils semblaient pressés, raconta-t-elle en réfléchissant à la scène. Si ça se trouve, ils ont préféré se débarrasser de moi que d'aller voir leur chef et expliquer pourquoi ils ne savaient pas quoi faire de ma demande.

– Tu crois qu'ils ont craint de passer pour des incompétents ?

– Ça ou ils ont pensé que je mentais, que je préparais une attaque ou que sais-je encore ?

– Bon, on ne peut pas changer le passé, reprit Acelin après quelques secondes de silence. Toujours est-il qu'à la suite de ta chute, Boomer t'a trouvée et ramenée ici. Et il a bien fait, car, comme tu le sais, tu as déserté et tu es maintenant recherchée par la garde de la cité qui te considère coupable des crimes qui te sont reprochés.

Cyprielle se décomposa. Même si elle connaissait les risques qu'elle endurait à abandonner son travail, elle se retrouvait face aux conséquences de ses choix à présent. Elle n'avait pas réussi à secourir ses sœurs et était recherchée par toute la cité. Elle n'avait plus vraiment de chance d'être acquittée, réalisa-t-elle. Elle vida son verre d'une traite en grimaçant. La chaleur de l'alcool lui fit un tout petit peu de bien. Elle prit conscience que toute sa vie n'était qu'une succession d'échecs. Elle ne savait pas comment elle réussirait à supporter ce qui l'attendait, le bannissement, sans le soutien de ses sœurs, sans savoir si elles allaient bien, si elles étaient bien traitées… Elle comprit soudain les implications de ce qu'Acelin venait de lui révéler.

– Pourquoi vous m'aidez ? demanda-t-elle aussitôt.

– J'étais présent lors de l'attaque, fit Acelin en pointant son torse du doigt. Je sais très bien que tu n'es en rien responsable de tout ça, que tu as même essayé de sauver un maximum des nôtres qui seraient morts s'ils étaient restés dehors. Ce que Rosala t'a fait est injuste, mais je crois qu'on ne pouvait pas attendre grand-chose d'autre de la part d'une idiote comme elle. Surtout qu'elle t'a pris en grippe depuis le début, je crois qu'elle a vu une bonne occasion de se débarrasser de toi.

Les paroles du vieux débroussailleur réchauffèrent le cœur de Cyprielle qui ne put empêcher quelques larmes de couler le long de ses joues. Elle se détourna pour les essuyer, et les deux hommes firent comme s'ils n'avaient rien vu.

– Enfin voilà, reprit Acelin la voix tremblotante, j'aime pas les injustices, c'est pour ça qu'on t'a recueillie en attendant de savoir ce que tu vas faire.

– Ça fait combien de temps que je suis dans les vapes ?

– Juste aujourd'hui, expliqua Boomer. J'imagine qu'entre l'attaque, la prison et la chute, ton corps avait besoin d'un peu de repos. Tu as pas mal de contusions et de bosses, mais comme je t'expliquais, rien de cassé.

– Donc mes sœurs ne sont pas parties depuis très longtemps. Est-ce que vous en savez plus sur la raison de leur « réquisition » ?

– Non, pas vraiment, je sais que le régent était furieux. Il a tenté d'argumenter. J'ai même entendu qu'il avait essayé de cacher les éveillées, s'empressa de répondre Boomer en évitant le regard de Cyprielle. Mais bon, il a fini par craquer. Tout le monde s'écrase face aux mercenaires, c'est bien pour ça que le conglomérat fait appel à eux. D'ailleurs, ils ont annoncé être au service du conglomérat, mais en vrai on n'en sait rien. Ils n'ont montré aucun papier pour prouver leurs dires.

– Je ne comprends pas.

– Bah, les mercenaires sont aussi connus pour… leur trafic d'esclaves, chuchota Boomer du bout des lèvres en jetant des regards inquiets vers Cyprielle.

– Quoi ? Mais d'où tu tiens ça ? s'alarma la jeune femme.

– Euh, je croyais que tout le monde le savait.

– Tu veux plutôt dire que c'est à cause de tes boulots un peu louches que tu sais ça, le réprimanda Acelin. Boomer fricote avec des gens peu fréquentables. Et même si ça le dessert souvent, il s'en fiche. Une vraie tête brûlée qui continue à chercher les ennuis.

– Mais du coup, qu'est-ce que tu connais des mercenaires ? poursuivit Cyprielle qui se fichait des activités illégales de Boomer.

– J'ai entendu parler d'un trafic d'éveillés, mais rien de sûr, ce ne sont que des rumeurs. Je n'ai jamais su si elles étaient réelles. Mais franchement, je pense que tes sœurs ont été emmenées au conglomérat et pas… ailleurs, termina Boomer sans grande conviction.

Cyprielle fut secouée par un frisson. Elle avança la main qui tenait la tasse pour demander du rab d'alcool que Boomer s'empressa de remplir. Elle but en essayant de calmer les palpitations de son cœur. Que pouvait-elle faire pour aider ses sœurs ? Elle s'en voulait encore plus de ne pas avoir réussi à monter à bord de l'aéronef. Oui, elle se serait retrouvée emprisonnée, elle aussi, mais au moins, elle aurait été avec ses triplettes.

– Tu disais que le régent n'était pas content, Acelin ? Est-ce qu'il a prévu une action ?

– Il va lancer une plainte administrative… mais tu sais bien qu'elles n'aboutissent jamais.

– Mais, tu plaisantes ! C'est tout ? Et en attendant, la cité est sans éveillé. Autant laisser nos portes ouvertes et dire aux prédateurs : venez manger, c'est buffet gratuit à présent ! Et mes sœurs sont entre les mains de ces sauvages !

Les deux hommes ne tentèrent pas de la calmer. Après tout, elle venait de perdre deux membres de sa famille, sa réaction était légitime. Cyprielle bouillait intérieurement. Comment le régent pouvait-il ne rien proposer d'autre qu'une plainte administrative ? Tout le monde savait que ce genre de démarche ne servait à rien. N'aurait-il pas pu former un groupe de volontaires pour partir à la poursuite des mercenaires ou au moins une délégation pour se rendre directement à Hija et plaider lui-même sa cause ? Il aurait bien plus de chances d'être entendu par le conglomérat qu'une simple demande administrative.

– Que compte-t-il faire pour la défense de la cité ? interrogea Cyprielle.

– Aucune idée.

– Prier pour qu'il n'y ait plus d'attaques, ironisa Boomer.

– Je ne comprends pas. Tout ceci n'est pas logique. Pourquoi le conglomérat voudrait réquisitionner les éveillés ? Il sait bien qu'il nous met dans une position impossible sans eux pour nous défendre…

Les propos de la jeune femme ressemblaient plus à une plainte qu'à une discussion. Elle choisit de se taire. Même si elle sentait sa rage grossir à mesure qu'elle prenait conscience de l'étendue du problème. Qu'allait-elle pouvoir faire ? En sursis dans la cité dans laquelle elle avait toujours vécu, ses sœurs entre les mains de mercenaires réputés pour leur trafic d'esclaves et personne pour la seconder. Cyprielle préféra nourrir sa rage. Sinon, elle se serait effondrée. Petit à petit, une résolution prit forme dans son esprit. Il fallait bien qu'elle commence quelque part, se dit-elle. L'action lui permettrait de ne pas penser à l'inéluctable et la gravité de la situation.

– Il faut que j'aille voir mes parents, lança-t-elle d'une voix affermie. Je veux savoir ce qu'ils prévoient de faire.

– D'accord, commença Boomer en jetant un regard furtif vers son oncle. Tu espères quelque chose…

– Pas vraiment, mais je dois en avoir le cœur net.

– Bon, je viens avec toi alors. Non, non, ce n'est pas négociable, la coupa Boomer. La cité grouille de gardes et j'ai… disons… quelques compétences pour t'aider à leur échapper.

Acelin lança un regard en biais à son neveu. Pour tout commentaire, il renifla et Boomer haussa les sourcils. Cyprielle avait envie de refuser. Elle n'était pas habituée à recevoir de l'aide. Elle s'était toujours gérée toute seule et ne connaissait d'autres concepts que celui de la solitude. Elle observa Boomer qui lui renvoya un regard bienveillant, bien qu'un peu taquin. Acelin, lui, haussa les épaules, ce qui pouvait signifier tout et son contraire. Cyprielle finit par rendre les armes et accepta qu'il l'aide. Elle essaya de se lever avec précaution et fut heureuse de découvrir qu'elle y arrivait.

– Avant que vous vous mettiez en route, tu vas manger, Cyprielle. Et c'est pas négociable, bougonna le vieux débroussailleur. Tu dois reprendre des forces, tu es maigre comme un clou.

Elle accepta de bon cœur, car malgré le nœud dans son estomac, elle mourait de faim.

Une fois sustentés, Boomer et Cyprielle prirent la direction de la loge de ses parents. Ils habitaient un des quartiers du premier niveau en tant que petits artisans de moindre qualité. Leur métier consistait à fabriquer du petit mobilier et quelques ustensiles pour le quotidien des habitants. Ils ne faisaient donc pas partie des priorités, ni de ceux qui devaient fournir un rendement énorme, mais leur utilité au sein de la collectivité était reconnue même si ce qu'ils fabriquaient ne faisait pas partie des besoins fondamentaux. Cyprielle appréhendait de les retrouver, mais elle devait en avoir le cœur net. Elle voulait savoir ce qu'ils comptaient faire pour ses triplettes. Elle se concentra sur les indications de Boomer pour éviter les gardes de la cité. La nuit était noire, seules les étoiles scintillaient. C'était en soi un avantage pour éviter les gardes, mais aussi un inconvénient, car la débroussailleuse ne voyait pas où elle mettait les pieds et elle n'arrêtait pas de trébucher en jurant doucement.

La cité ne dormait pas encore. La débroussailleuse pouvait entendre des bruits de conversations, ici et là. Elle imaginait que l'attaque et les mercenaires étaient encore sur toutes les langues. Ces deux événements étaient tellement exceptionnels que leur survenue à quelques jours d'intervalle relevait du rêve. En passant du côté du quartier du premier niveau, une odeur de liqueur vint lui chatouiller les narines. Cyprielle avait la sensation que l'ambiance autour d'elle était lourde, tendue. Même si les bruits habituels de la vie nocturne lui parvenaient, elle avait aussi l'impression que les gens se montraient plus discrets.

– Comment ça se passe pour la porte ? chuchota-t-elle à Boomer.

– Ils ont disposé des gardes et beaucoup beaucoup de lumières, en plus des barricades construites en catastrophe pour bloquer l'accès. Je peux te dire que ceux qui sont de corvée se chient dessus au moindre bruit de l'extérieur. Ils ont trop peur d'une nouvelle attaque, lui répondit-il sur le même ton.

– Je peux les comprendre. C'est bien, ça veut dire moins de gardes qui me recherchent, non ?

– Je crois surtout que le régent a autre chose à penser que de s'occuper d'une fugitive, en effet. Même si ça pourrait calmer les ardeurs de certains habitants de châtier un coupable. Et pour ça, tu restes la bouc émissaire idéale !

Cyprielle frissonna en réfléchissant aux implications des paroles de Boomer. Elle se demandait soudain si c'était une bonne idée d'aller voir ses parents. N'allaient-ils pas la dénoncer dès qu'elle pointerait le nez dans leur loge ? Elle eut envie de rebrousser chemin, mais se força tout de même à poursuivre. Elle devait les confronter, il le fallait. Lorsqu'elle arriva à proximité de leur logement, Cyprielle ralentit sans vraiment s'en rendre compte. Boomer la distança de quelques pas avant de remarquer qu'elle s'était arrêtée, les yeux fixés sur l'entrée. Il revint vers elle.

– Tu es sûre que tu veux y aller ?

– Ils m'ont peut-être reniée, mais si je n'y allais pas, ça reviendrait à me comporter comme eux, ce que je refuse. J'ai juste besoin d'un peu de courage… Allez, autant me lancer avant que je me dégonfle, expliqua-t-elle en prenant une grande inspiration.

Cyprielle avança jusqu'à l'entrée de la loge, identique à toutes les autres du niveau. Contrairement aux débroussailleurs qui vivaient au sol et n'avaient qu'une seule pièce pour eux, ceux du premier niveau jouissaient d'un peu plus de confort avec leurs deux parties séparées par un rideau. La porte n'était, elle aussi, qu'un rideau tiré. La jeune femme le souleva en s'annonçant doucement pour éviter d'alerter tout le quartier. Les vraies portes étaient pour les plus fortunés de la cité. La débroussailleuse sentit sa peau se hérisser.

– Cyprielle ? s'exclama Jacote en réprimant un mouvement en direction de sa fille. Mais qu'est-ce que tu fais là, as-tu perdu la tête ? Tu vas nous faire enfermer pour complicité ? Ne sais-tu pas que tu es recherchée pour haute trahison ?

– Bonjour Jacote. Moi aussi, je suis heureuse de te voir, ne put-elle s'empêcher de répondre d'un ton piquant.

Sa mère ne releva pas. Elle observait sa fille avec une moue réprobatrice, ne sachant visiblement pas quoi faire de cette visite impromptue. Boomer était resté dans la rue, à quelques pas, pour lui laisser une certaine tranquillité. Cependant, elle se prit à souhaiter le sentir à ses côtés vu l'accueil glacial qu'elle recevait. Cyprielle ne voyait pas son père, mais peut-être était-il dans l'autre pièce et refusait-il de se montrer ? C'était une option tout à fait probable. La débroussailleuse s'empêcha de faire demi-tour pour s'enfuir et ne plus jamais revenir. Cela faisait seize ans qu'elle n'avait plus vu sa mère et voilà comment elle l'accueillait.

Elle prit le temps de la détailler. Elle n'avait pas changé. Toujours cette longue tresse, ce froncement de sourcils qui ne la quittait jamais et une robe protégée par un tablier raccommodé de tous les côtés. Mis à part des rides sur le coin de la bouche et des yeux, sa mère était comme dans son souvenir. La même odeur de savon flottait dans la loge. Et le même bric-à-brac partout où son regard portait. Ses parents avaient toujours amoncelé des objets divers et variés, car « ça pouvait toujours servir » comme ils aimaient à le répéter. Comme sa génitrice ne faisait pas mine d'engager la conversation ou d'inviter Cyprielle à s'asseoir, la débroussailleuse prit les devants en soupirant.

– Pour ta gouverne, j'ai tout tenté pour secourir Amira et Balde aujourd'hui. Cela m'a valu d'être balancé du haut de la cime par les mercenaires qui les ont emmenées. J'aurais pu mourir, mais j'imagine que tu t'en fiches. Pour ce qui est de l'attaque pour laquelle je suis tenue responsable, je ne te ferai pas l'affront d'essayer de te convaincre que je n'y suis pour rien. De toute façon, tu ne me croirais pas. Si je suis là ce soir, c'est pour savoir ce que vous avez prévu de faire avec Floquet pour venir en aide à mes sœurs, vos filles ? déroula-t-elle d'une traite.

– Mais as-tu perdu la raison ? Que veux-tu que nous fassions ? Même le régent n'a pas osé dire sa façon de penser aux mercenaires, alors nous ? Penses-tu vraiment que de simples artisans pourraient mettre en doute un ordre du conglomérat ?

– De simples artisans, peut-être pas, mais des parents ! N'as-tu rien ressenti dans tes tripes lorsqu'Amira et Balde se sont fait enlever ? Es-tu si insensible ? Toi qui nous as portées, nourries, lavées, cajolées, consolées ! Tu laisses tes uniques filles à un destin plus qu'incertain et dangereux ?

– Si tu es venue pour me faire des reproches, tu peux repartir. Je ne culpabiliserai pas à cause de toi, rétorqua-t-elle en s'appuyant contre l'évier. Tu te montres injuste. Tu veux juste cracher ton venin sur moi. Sois honnête avec toi-même, tu sais aussi bien que moi que c'est sans espoir. Nous ne pouvons rien faire pour tes sœurs. Le régent a lancé une plainte administrative. Si elle n'aboutit pas, rien d'autre ne pourra fonctionner, trancha Jacote d'un ton acerbe.

Cyprielle secouait la tête de gauche à droite. Même si elle s'était attendue à cette réponse, elle était tout de même déçue. Sa mère gonflait la poitrine et lui avait parlé avec un rictus dégoûté, comme si cela lui faisait du bien de cracher sa bile sur sa fille répudiée. Elle lui servait d'exutoire. Comment une mère qui s'était montrée si douce et prévenante avec son enfant avait pu devenir tel un roc sans émotion ? Cyprielle serra les poings qui tremblèrent. Elle sentait ses bonnes résolutions faiblir face aux convictions de sa mère. Jacote préférait se bercer d'illusions qu'elle ne pouvait rien faire pour ses filles.

– J'ai une question qui me trotte en tête depuis toujours, continua la jeune femme qui devait en avoir le cœur net. Est-ce que ça t'aide à dormir, de penser comme ça ? Est-ce que tu as l'impression d'être une bonne mère ?

– Sors de là, rebut ! lui lança son père en déboulant comme une furie dans la pièce.

La débroussailleuse retint un hoquet de stupeur en le voyant. Contrairement à sa mère, lui avait changé. Ses cheveux, auparavant blonds, avaient entièrement viré au gris et commençaient à se dégarnir. Il s'était tassé et ne se tenait plus très droit, comme si le poids de la culpabilité le rongeait, pensa-t-elle. Ses traits étaient tirés et son teint terne. Il ne devait pas bien dormir. L'étonnement passé, elle ne se laissa pas attendrir par ce coup de vieux qu'il avait pris. Elle savait qu'elle ne devait pas afficher de faiblesse face à eux, car ils ne la considéraient plus comme leur fille. Pourquoi devrait-elle faire preuve de gentillesse ?

– Ha, Floquet, tu étais donc là depuis le début. Je me demandais si tu oserais te montrer ! C'est nouveau dis donc, tu me parles !

– Laisse-nous ! Nous ne voulons plus rien avoir à faire avec toi, s'emporta-t-il en se rapprochant de sa femme et la serrant dans ses bras.

– Mais je le sais, ça ! Tu as été très clair à ce sujet lorsque tu m'as renié, Floquet. Je ne viens pas pour moi. Je viens pour tes deux autres filles, tu sais Amira et Balde ? Ou alors ça y est, elles non plus n'existent plus pour toi ? s'énerva-t-elle.

Elle se rendit compte que toutes ces années de rejet de la part de ses parents lui avaient laissé un goût amer dans la bouche. Elle pensait être devenue une adulte suffisamment équilibrée pour s'être construite sans ressentiment, mais comprit que non. Elle en voulait à ses parents pour toute la souffrance qu'elle avait endurée. Comment pouvait-on abandonner une enfant de dix ans à son sort ? C'était tout simplement inhumain. Elle eut envie de leur faire du mal. Ses lèvres se contractèrent sous le coup de l'émotion.

– Cyp ! s'alarma Boomer en ouvrant le rideau à la volée, il faut fuir, la garde arrive !

Fuite en avant

Boomer ne perdit pas de temps en explication, il attrapa la main de la jeune femme et l'entraîna à l'extérieur. Cyprielle jeta un regard dégoûté en direction de son père qui gonfla la poitrine. Sa mère croisa le regard de son mari et sa fille, puis finit par comprendre et écarquilla les yeux en portant la main à sa bouche. C'était donc pour ça qu'il avait mis tant de temps à les rejoindre dans la pièce principale, pour prévenir la garde que sa fille était chez lui. Il avait dû faire appel à un voisin par la fenêtre arrière pour que celui-ci relaie l'information. Elle sentit ses jambes flancher, entendit Boomer lui chuchoter quelque chose à l'oreille et resserrer sa prise sur son bras. Si elle avait eu un doute quant à sa relation avec ses parents, elle était à présent fixée. Elle était une étrangère pour eux, une ennemie même, puisqu'ils étaient prêts à la dénoncer.

Boomer tirait plus Cyprielle qu'elle ne marchait trop occupée à essayer de digérer la trahison de ses parents. Elle se sentait ballottée dans tous les sens, zigzaguant entre les loges et les étals vides. Boomer maîtrisait la fuite. Il avançait sans hésiter, changeant régulièrement de direction. Il ne courait pas pour éviter d'attirer l'attention, mais avançait d'un pas vif.

– J'ai besoin que tu sois avec moi, chuchota-t-il à un moment à Cyprielle.

– Excuse-moi. Oui, tu as raison. Je me concentre, reconnut-elle en réprimant un frisson.

La nuit toujours très noire facilitait leur discrétion. Les deux jeunes gens pouvaient se dissimuler dans les recoins et ombres de la cité. Ils entendirent des voix non loin d'eux. Boomer se figea et attrapa la débroussailleuse pour la cacher derrière des caisses. Elle tendit l'oreille. Les voix n'étaient pas amicales, elles semblaient s'interpeller et s'énervaient de ne pas détecter ce qu'elles cherchaient. Boomer s'accroupit à côté d'elle en posant un doigt sur sa bouche pour signifier de se taire. Cyprielle leva les yeux au ciel. Elle pouvait s'en douter ! Elle essaya de réfléchir à toute vitesse afin de trouver une échappatoire, mais son cerveau refusait de fonctionner correctement. Elle était prise au piège. Elle devait se faire une raison, fuir comme elle le faisait ne servait qu'à retarder l'inéluctable, rien de plus. La cité était une prison, elle ne pouvait pas en sortir et d'ailleurs si elle l'avait pu, où serait-elle allée ? Sa respiration se fit plus saccadée à mesure que la débroussailleuse prenait la mesure de ce qui l'attendait. Elle serait jugée, puis bannie de Marlimar. Une fois dehors, elle ne donnait pas cher de sa peau. Combien de temps parviendrait-elle à survivre ? Elle aurait peut-être préféré que sa chute de la cime ne soit pas stoppée, finalement. Une mort comme celle-ci était rapide et indolore. Dommage qu'il y ait eu l'étal de ce marchand.

Elle sursauta en entendant un juron juste devant leur cachette. Cyprielle sentit Boomer se tendre à ses côtés. Elle se demanda pourquoi le jeune homme l'aidait. Après tout, il aurait pu la balancer aux gardes et probablement récolter une récompense. Des lumières scintillèrent devant eux, et Cyprielle put distinguer deux gardes qui s'étaient arrêtés en tenant leur torche dans la main. Un courant d'air apporta une odeur de mauvais alcool et de corps pas très propre jusqu'à leurs narines. Elle grimaça en réprimant un haut-le-cœur. Certains n'avaient donc aucun respect pour eux-mêmes. Boomer écarquilla les yeux en se moquant de sa sensibilité.

– Qu'est-ce qu'il nous a dit, le père ? demanda le plus grand des deux.

– Qu'elle s'était enfuie avec un type qu'il a pas bien vu dans cette direction, répondit l'autre agacé en pointant le doigt vers la route sur laquelle ils se trouvaient encore quelques instants plus tôt !

– Putain, il pouvait pas la retenir, ce con ! Au lieu de nous faire courir à travers ce labyrinthe puant ! maugréa le premier.

– Quand t'auras fini de râler, tu pourras m'aider à fouiller, s'énerva son collègue.

Cyprielle se crispa tandis que le garde scrutait les environs, tendant sa torche dans l'espoir de briser la nuit. Elle pouvait le voir plisser le nez, comme si ça allait l'aider à mieux distinguer les détails. Il balayait sa torche devant lui et tournait la tête de gauche à droite vers le sol pour chercher… Cyprielle ne savait pas trop quoi. Espérait-il trouver des traces de pas ? Sur un sol en pierre ?

– Tu fais quoi ? s'étonna son collègue avec une pointe de moquerie dans le ton. Tu crois qu'ils ont laissé des petits cailloux pour nous indiquer leur route ?

– Moi au moins, je fais quelque chose ! Tu veux être celui qui dira au capitaine qu'on a perdu leur trace ?

– Mouais, bah avance alors, ça sert à rien de rester là. Je veux pas me faire doubler par les autres, je veux gagner la cruche de bière qu'il nous a promise…

Ils continuèrent à se chamailler en reprenant leur route. Cyprielle ne parvenait plus à entendre ce qu'ils disaient à mesure qu'ils s'éloignaient. Elle expira l'air qu'elle avait gardé dans ses poumons. Lorsque Boomer lui fit signe de se relever, elle n'y arriva pas tout de suite tant ses membres tremblaient.

– Tu gères mal la pression, à ce que je vois !

– J'ai pas vraiment l'habitude d'être une fugitive recherchée par la moitié de la garde. Tu as compris ce qu'il racontait ce garde sur la cruche de bière ?

– Le capitaine aime bien motiver ses gars avec des récompenses, sinon ils ne font pas correctement leur travail, répondit Boomer en haussant les épaules. Je me dis que c'est une chance pour nous. Lorsqu'ils en auront marre de jouer à cache-cache, ils vont sûrement aller se planquer dans un bar clandestin en attendant le petit matin et dire au capitaine qu'ils nous ont cherché toute la nuit sans succès. On a pas une garde très professionnelle à Marlimar !

– OK, alors tant mieux… j'imagine.

– Tu es prête à te relever ?

– Je pense oui, répondit-elle en se mettant en mouvement. Tu sais Boomer, j'ai bien réfléchi. Je n'ai aucune chance d'en réchapper alors…

Cyprielle ne parvenait pas à poursuivre. Les mots refusaient de sortir de sa bouche. Elle avait eu très peur en voyant les gardes si près d'elle, à l'instant. Elle avait pensé se rendre, mais n'avait pas réussi à forcer son corps à bouger. Se pouvait-il que son corps et sa raison ne soient pas d'accord ? Entre ce qu'elle devait faire et ce qu'elle était prête à faire.

– Attends ! T'es pas en train de te dégonfler, là ? demanda Boomer en haussant un sourcil. Toi, qui as sauté sur le dos d'un léon et combattu des lézards des marais et que sais-je encore lors de l'attaque, tu ne vas pas te rendre et donner foi à leur faux procès ? Il en est pas question.

– T'es gentil, mais quel autre choix j'ai ? gémit-elle.

– Me faire confiance, répondit Boomer du tac au tac.

Cela déstabilisa Cyprielle qui en resta bouche bée.

– Ah bah merci, recommença-t-il en rigolant. Je sais que tu me connais pas, mais tout de même, ta défiance me fend le cœur ! Bon, je comprends, si c'est pas à moi que tu fais confiance, pense à mon oncle alors. Lui, tu le connais, tu sais que tu peux compter sur lui. Bon. Il m'a chargé de t'aider alors je vais m'y atteler que ça te plaise ou non. Et tant que tu seras en danger, je reste ! Désolé si je contrarie tes plans !

– Je dois t'avouer que j'ai pas vraiment de plan… murmura-t-elle du bout des lèvres.

– Ça, je m'en serais douté, fit-il en secouant la tête de gauche à droite. Allez en route, pourfendeuse de léons !

Boomer partit dans la direction opposée aux deux gardes. Il entraîna la jeune femme vers les niveaux supérieurs, ceux dont les avenues étaient plus dégagées, où la lumière en journée parvenait à percer quelque peu jusqu'aux habitations. Ils longèrent les rues en veillant à rester près des murs pour éviter d'attirer l'attention sur eux, surtout que la garde savait qu'ils étaient deux. Ils empruntèrent des échelles pour couper à travers les niveaux et poursuivirent leur ascension vers la cime. Cyprielle ne connaissait pas le plan de Boomer, mais elle était pour le moment bien trop anxieuse pour le questionner. Elle se demandait pourquoi il ne la ramenait pas chez Acelin et supposa qu'il avait peut-être une cachette quelque part dans Marlimar. Après tout, son oncle avait fait mention d'activités pas toujours autorisées.

Ils débouchèrent enfin sur la cime. Ils n'avaient plus croisé de patrouilles dans leur ascension, Cyprielle se demanda combien de gardes s'étaient attelés à sa recherche. Ou peut-être avaient-ils présumé qu'elle irait se réfugier dans son quartier.

Une légende persistait dans les esprits des habitants selon laquelle chaque corps de métier se soutenait. C'était certainement le cas des autres professions, mais pas des débroussailleurs. Leur travail était épuisant et stressant, et pourtant ils ne s'entraidaient jamais. Ils n'hésitaient pas à se faire des crasses entre, eux aussi, à croire que leur boulot n'était pas suffisamment dur comme ça. Elle avait assisté à des farces qui avaient tourné à l'accident, simplement parce que les débroussailleurs estimaient que chacun devait être paré à n'importe quelle situation. Un de ses collègues avait une fois planqué une ravageuse dans le lance-flamme d'un autre. Et évidemment, cette dernière avait effectué son travail de sape en s'infiltrant dans le mécanisme jusqu'à le bousiller entièrement. Le débroussailleur avait été mis à pied plusieurs jours pour cette faute, alors qu'il n'en était pas responsable. Ce qui voulait dire qu'il n'avait pas eu sa ration de nourriture journalière, car lorsqu'on ne travaillait pas, on ne mangeait pas ! C'était plutôt simple sur Djakarou. Les inutiles n'étaient pas entretenus.

Boomer l'entraîna jusque dans ce qu'elle pensait être un entrepôt de l'astroport. Il déverrouilla la porte et l'ouvrit avant de lui faire signe d'entrer. Il referma et alluma les lumières. Elle découvrit un tout petit hangar dans lequel un vaisseau biplace était garé.

– Va falloir se serrer, l'informa Boomer, parce qu'on doit emmener des provisions et du matos en cas de pépin.

Il se mit en mouvement, rassemblant avec des gestes précis quelques boîtes d'ustensiles et d'outils qu'il chargea dans le biplace. Il récupéra aussi des sacs. Puis Boomer se dirigea vers l'accès extérieur, la grande porte qui s'ouvrait vers la face externe de la muraille et qui permettait aux vaisseaux de s'élancer vers le ciel.

– Qu'est-ce que tu fais ? demanda-t-elle naïvement.

– Bah, ça se voit, non ? J'appareille pour qu'on quitte la cité avant que les gardes nous retrouvent.

– Tu plaisantes ! répondit cette dernière, la voix tremblante. Tu veux me faire monter là-dedans pour… partir.

– Oui, fit-il sans arrêter ses préparatifs. On va profiter de la nuit pour s'éclipser sans que personne s'en rende compte.

– Mais…

Cyprielle se tordait les mains, elle s'était reculée jusqu'à la cloison qui donnait sur la rue comme si cela pouvait lui éviter de monter à bord du biplace. Heureusement que la nuit était toujours là, cela la protégeait de la vue sur le vide qui s'étendait sous leurs pieds. Au bout d'un moment, voyant que sa compagne ne bougeait plus, Boomer s'interrompit.

– Qu'est-ce qui t'arrive ?

– Je… je… je n'ai jamais quitté Marlimar, expliqua-t-elle sans quitter le ciel des yeux. Et en plus, j'ai le vertige. Du coup, là comme tu me vois, je suis à mon maximum, sourit-elle en grimaçant.

– Ha ! Je comprends mieux. Regarde ce qu'on va faire alors.

Boomer s'approcha de Cyprielle jusqu'à remplir son champ de vision entièrement. Il lui attrapa les deux mains et commença à reculer en la forçant à le fixer, lui, dans les yeux. La débroussailleuse prit une grande inspiration et le suivit docilement, cramponnée à ses doigts. Pas après pas, il l'amena au biplace, puis tout doucement, il pivota et l'aida à grimper à bord du vaisseau. Il la coinça entre les caisses qu'il avait chargées quelques secondes plus tôt afin qu'elle ait la sensation d'être bien calée sans plus pouvoir bouger. Une fois assuré qu'elle ne redescendrait pas du vaisseau, Boomer prit place devant et mit en route le moteur qui vrombit légèrement. Cyprielle ferma les yeux, se demandant dans quel pétrin elle s'était fourrée. Elle se cramponna à l'habitacle et attendit. Elle entendait Boomer parler tout seul, vérifiant des réglages sans doute, et actionnant tout un tas de trucs dont elle n'avait aucune idée de leur utilité. Puis, elle sentit un sursaut au creux de son ventre et sut qu'ils avaient décollé. Cyprielle se mordit les lèvres pour ne pas hurler sa peur aux étoiles. Elle avait encore assez de jugeote pour savoir qu'ils ne devaient pas alerter la garde de leur fuite dans les airs. Son salut résidait dans leur discrétion.

Après ce qui lui sembla une éternité, elle osa ouvrir les yeux. Un d'abord puis les deux, elle tourna la tête de droite à gauche et ne put réprimer un waouh silencieux. Elle se tenait toujours fermement au vaisseau, mais la vision qui s'offrait à elle était incroyable. Elle volait dans le ciel, sans nuages, au-delà des arbres. Elle se retourna et aperçut Marlimar qui rétrécissait à vue d'œil. Ses lumières de la nuit lui paraissaient bien petites et lointaines. Boomer pivota dans sa direction.

– Comment tu te sens ?

– C'est moins horrible que ce que je pensais, répondit Cyprielle en parvenant même à sourire.

– Tant mieux ! Parce que j'ai besoin que tu me dises ce qu'on fait maintenant. On a un peu de délai avant qu'ils comprennent que tu as quitté la cité, informent les autres régents et que nos têtes soient mises à prix.

Au fond d'elle, la jeune femme savait exactement ce qu'elle souhaitait faire. Sa résolution n'avait pas faibli avec les derniers événements, bien au contraire. Elle se savait en profond désaccord avec les choix de ses semblables et elle refusait de se comporter comme eux, en couarde. À mesure qu'elle ancrait sa résolution dans son cœur, elle sentit le courage et la sérénité l'envahir, même si sa respiration continuait à être un peu trop rapide. Cyprielle écarta doucement les doigts un à un jusqu'à ne plus se cramponner aux parois du vaisseau. Elle attendit pour vérifier qu'aucune catastrophe ne lui tombait dessus, sourit et posa ses mains sur ses cuisses.

– Direction la capitale, Boomer, je vais libérer mes sœurs ! répondit-elle d'un ton qui ne soufflait aucune réplique.

En chemin

Boomer observa Cyprielle comme s'il la sondait, puis sans rien dire, il hocha la tête. Il se retourna et actionna des boutons et d'autres trucs pour faire voler son biplace, sans que la débroussailleuse comprenne comment. Elle avait senti sa poitrine se gonfler en prononçant les mots qui scellaient son destin et s'était préparée à devoir en débattre avec Boomer, mais il n'en fit rien. Cyprielle en fut presque déçue. Elle préféra ne pas penser à ce qu'elle ferait en arrivant à Hija, la cité-état. Elle n'en avait aucune idée. Comme la majorité des habitants des cités, elle n'avait jamais quitté sa ville natale. Seuls les commerçants et mercenaires le faisaient, et leurs récits l'empêchaient encore de dormir certains soirs. Qui aurait voulu d'une vie pleine de dangers, d'incertitudes ? Surtout pas elle. Cyprielle se souvenait d'un aéronef qui avait accosté à Marlimar en causant beaucoup de dégâts sur les pontons. Il s'était écrasé au lieu de s'arrimer ! Les dockers, surpris de ne voir personne descendre de l'aéronef, avaient prévenu la garde qui n'avait découvert que des cadavres à l'intérieur du vaisseau. Le capitaine avait dû rendre son dernier souffle en tentant d'amarrer le navire, il avait été retrouvé ficelé au gouvernail. Le vaisseau avait immédiatement été mis en quarantaine, le temps de comprendre ce qui lui était arrivé, mais notamment de vérifier qu'il n'y avait pas de prédateur animal ou végétal à son bord. Les soldats avaient finalement découvert un nid d'aiglons qui les avaient attaqués aussitôt. En temps normal, les rapaces ne venaient pas aussi loin dans les terres. Marlimar était plutôt tranquille au niveau des cieux et n'avait pas besoin de faire preuve d'une vigilance extrême pour la surveillance des airs. Les habitants en avaient parlé durant des semaines, elle ne se souvenait plus des conclusions. Mais ce dont elle se rappelait, c'était de ses cauchemars qui avaient duré des mois. Cyprielle n'était alors âgée que de neuf ans. Balde s'était bien souvent moquée d'elle et de ses terreurs nocturnes, tandis que ses parents lui serinaient de s'endurcir d'un regard mauvais, si bien qu'elle avait fini par s'empêcher de hurler la nuit lorsque le cauchemar revenait la hanter. À la place, elle restait cloîtrée dans son lit, en proie à un sentiment glaçant, persuadée que les prédateurs viendraient pour elle la prochaine fois. Seule Amira s'était montrée compréhensive. Il lui arrivait de se réveiller, elle aussi, et de venir se blottir contre sa puînée en la serrant fort jusqu'à ce que la terreur de sa triplette s'en aille. Cyprielle ressentit un pincement au cœur en repensant à cette période révolue où elle vivait à peu près heureuse avec ses parents et ses sœurs. Elle fut tirée de sa rêverie par Boomer qui se tourna vers elle.

– T'es bien silencieuse, débroussailleuse ! Réjouis-toi, tu vas là où bien peu de monde peut se targuer d'être déjà allé.

– Comment peux-tu être si confiant ? N'as-tu jamais entendu parler de toutes ces attaques ? Les prédateurs, ça te dit quelque chose ? grinça-t-elle.

– Ici, dans la cité, quelle différence ? Regarde à quoi nous avons échappé il y a deux jours ! Les prédateurs sont de plus en plus entreprenants. Je ne peux pas être le seul à l'avoir noté !

Cyprielle hocha la tête, il n'avait pas tort.

– Et si je peux faire preuve de mauvaise foi, tu es plus en sécurité ici qu'à Marlimar... sourit-il d'un air malicieux.

– Pourquoi ? demanda Cyprielle en fronçant les sourcils, prête à s'offusquer.

– Eh bien, dans la nature, il n'y a que les prédateurs qui veulent te tuer ! À Marlimar, il y a aussi tes concitoyens, finit-il en plissant la bouche.

La réflexion fit taire la remarque que Cyprielle s'apprêtait à lancer. C'est sûr qu'elle aurait eu du mal à se cacher indéfiniment à Marlimar, elle aurait craqué ou se serait fait dénoncer ou prendre. Ce n'était qu'une question de temps. Alors que sur la planète, oui, elle risquait sa vie, mais Boomer semblait savoir ce qu'il faisait, non ?

– Il est à toi ce biplace ? fit-elle pour changer de sujet.

– Ouais, ce rafiot et moi, on a une longue histoire en commun. C'est moi qui l'ai construit, répondit Boomer avec fierté.

– Ha ! Et tu es sûr qu'il va tenir la route ?

– Tu doutes de mes compétences de mécano ? rétorqua-t-il en faisant une grimace amusée.

– Pardon, je voulais pas te blesser. C'est juste…

– T'inquiète, je comprends. Fais-moi confiance, il est solide et furtif. Tout ce qu'il nous faut pour échapper aux attaques et aux poursuites.

– Tu veux dire qu'il est plus rapide qu'un aéronef militaire ?

– Pas forcément, parce que leurs vaisseaux ont plus de cylindres que le mien et avec des rotations plus rapides, même si on est tous sur des moteurs hydrauliques. Mais leurs engins sont trop gros et pas très maniables. Alors on a un avantage lorsqu'ils ont besoin de faire des manœuvres.

– J'en déduis que tu as déjà dû les semer ? demanda Cyprielle pour couper court aux explications techniques qui ne la passionnaient guère.

– Tu ne veux pas savoir, répondit Boomer du tac au tac en balayant l'air de la main.

La jeune femme était piquée au vif. Boomer l'intriguait. Elle voulait connaître son histoire.

– Mais dis-moi, tu n'as pas un métier qui t'attend demain matin ?

– Je suis mon propre patron, du coup ça devrait aller.

– Ah oui, et comment tu occupes tes journées alors ?

– De plein de façons différentes, je dirais.

Cyprielle comprit qu'elle n'en apprendrait pas plus. Boomer n'avait visiblement pas envie de se livrer à elle. Elle fut un peu déçue, car elle avait espéré qu'il se comporterait différemment avec elle. Mais les habitudes avaient la vie dure. On ne copinait pas avec un débroussailleur.

– Qu'est-ce qu'il y a ? l'interrogea Boomer.

– Je t'avoue que j'ai du mal à comprendre pourquoi tu m'aides. Tu n'y es pas obligé.

– Est-ce que ça te convient si je te dis que mon oncle m'a éduqué comme ça ?

– Pas vraiment…

Boomer soupira, se retourna vers l'avant, offrant ainsi son dos à la jeune femme qui ne savait pas si elle l'avait froissé ou non.

Bien joué, se dit-elle, *tu trouves le moyen de te mettre à dos la seule personne qui t'a proposé de l'aide. Continue comme ça et tu vas te retrouver au sol.*

Elle réfléchissait encore à la façon dont elle pourrait rattraper sa gaffe avec Boomer, quand il souffla.

– En réalité, je ne supporte pas de rester enfermé à Marlimar. Cette loi qui nous oblige à être « utile » pour notre communauté et à vivre là où nous sommes nés ! Cela ne me convient pas ! Qui sont nos dirigeants pour savoir ce qui est bon pour moi ? poursuivit Boomer en se tournant à nouveau vers Cyprielle. Je ne voulais pas d'un métier sans saveur, je ne voulais pas me réveiller chaque matin en sachant que j'allais faire la même chose, encore et encore.

– Je comprends, murmura-t-elle pour l'encourager.

– Lorsque mon oncle m'a demandé de prendre soin de toi, prends-moi pour un fou si tu veux, mais j'y ai vu un signe du destin. Je me suis dit que je tenais enfin ma chance de partir à l'aventure.

– Je ne te prends pas pour un fou…

– Bref, fit-il en se secouant. Et toi, tu as toujours rêvé de devenir débroussailleuse ? demanda-t-il en retrouvant son sourire taquin.

– Évidemment, répondit Cyprielle du même ton. Qui ne voudrait pas de ce métier ? Le travail en pleine nature, la vie au grand air, être debout toute la journée à actionner un outil dangereux, participer au bien commun…

– J'imagine que ça a dû être dur, le jour où on t'a annoncé ton affectation… reprit-il plus sérieux.

– Tu veux dire que mon monde s'est effondré, tenta de plaisanter Cyprielle, mais sa voix se brisa. Toute ma vie, j'avais été préparée à devenir une éveillée. Tu te rends compte, des triplées ! Ce genre de naissance multiple n'était plus arrivé depuis des millénaires, c'était forcément un signe. En tout cas, c'est ce que pensaient mes parents. Ils nous ont formées, comme s'ils y connaissaient quelque chose au fait d'être éveillé. Nous n'avions pas le droit d'avoir des amis, des loisirs. Toute notre énergie devait être tournée vers ce rôle. Tu sais, ils se sont même endettés pour nous trouver des légendes qui parlaient d'anciens éveillés. Dès qu'un marchand arrivait à Marlimar, mes parents accouraient pour lui demander s'il avait ramené de la documentation là-dessus. Certains se sont montrés sans scrupule et leur ont vendu des babioles comme reliques, leur assurant que cela nous aiderait pour le rituel. Après, si mes parents étaient assez idiots pour se faire arnaquer, je ne blâmerais pas ceux qui en profitaient. Du coup, tu imagines leur déconvenue lorsque j'ai échoué… Je n'existe plus à leurs yeux depuis.

– Oui c'est ce que j'ai cru comprendre ce soir.

– Mais ils étaient si fiers de mes sœurs ! Je ne comprends pas qu'ils ne fassent rien, s'emporta la jeune femme.

– Tu serais étonnée du nombre de personnes qui, en réalité, sont lâches ! C'est même la majorité des gens. Ils savent toujours ce qui est mieux que toi, ils ont un avis sur tout, mais lorsqu'il est question de faire ce que eux te conseillent, il n'y a plus personne, s'exaspéra Boomer.

– J'imagine… Mais tu vois, je suis un peu comme toi. J'ai toujours eu l'impression que ma vie ne me suffisait pas, que j'étais amenée à faire autre chose. Comme si quelque chose sommeillait en moi. C'est stupide et ce sont sûrement des restes de mon éducation. Je ne sais pas bien ce qui m'a pris de vouloir secourir mes sœurs. Après tout, j'aurais peut-être dû faire comme tous les autres, détourner les yeux.

– Hmm, je ne crois pas. Je pense qu'il faut faire ce que notre âme nous dicte, peu importe l'opinion des autres.

Les paroles de Boomer résonnèrent dans le cœur de Cyprielle. Peut-être n'avait-elle jamais fait le deuil de son échec lors du rituel. C'était probablement ce qui la rongeait de l'intérieur et lui enjoignait de se faire remarquer, d'agir en sauveuse. Pour leur montrer à tous qu'elle n'était pas qu'une moins que rien. Elle se sentit stupide. Tout ce qu'elle trouverait c'était la mort. Rien de bon ne l'attendait sur la route, ni à Hija. Cyprielle frissonna. Elle voulait crier à Boomer de faire demi-tour, puis elle se reprit en se rappelant qu'elle était une hors-la-loi à présent. Mais peut-être que, lors de son procès, elle pourrait expliquer ce qui s'était réellement passé lors de l'attaque…

– Oublie ça, tu veux ! lança Boomer par-dessus son épaule.

– De quoi tu parles ?

– Je connais ce genre de silence. Tu es en train de te dire que tu as agi sur un coup de tête et que tu ferais mieux de te rendre… Crois-moi, ça serait le pire choix de ta vie. Les petites gens comme nous ne s'en sortent jamais.

– Comment peux-tu le savoir ?

– J'ai vu un paquet de faux procès, et étrangement ce n'est jamais celui qui disait la vérité qui l'emportait, mais bien celui qui avait le plus de pouvoir.

Cette dernière remarque laissa la débroussailleuse songeuse. Elle était prise de tremblements qu'elle ne parvenait pas à calmer. Bientôt, elle grelotta et se mit à claquer des dents. Le temps plutôt clément n'y était pour rien. Sans ouvrir la bouche, Boomer sortit une couverture trouée de sa place et la lui tendit. Elle l'attrapa avec soulagement et s'emmitoufla dedans. L'épuisement des dernières heures eut raison d'elle, elle s'assoupit, la tête posée sur une caisse.

– Réveille-toi, on approche d'une cité, la secoua Boomer.

Cyprielle grimaça en se redressant. Son cou la faisait souffrir. Elle essaya de se dandiner, sans pour autant se lever de son siège, pour observer devant Boomer. Ses yeux scrutaient les environs sans percevoir de murailles. Le soleil ferait son apparition d'ici une heure, il valait mieux qu'ils soient cachés à ce moment-là.

– Y'a un truc qui cloche, chuchota Boomer.

– Quoi donc, s’énerva Cyprielle qui ne voyait toujours pas où se trouvait la cité.

– Regarde, fit Boomer en tendant le doigt sur leur droite. Il devrait y avoir des feux de direction en haut des murailles pour éviter aux aéronefs qui voyagent de nuit de leur foncer dedans. Est-ce que tu vois des feux de direction ? lui demanda Boomer d’un ton professoral.

– Faudrait déjà que je voie la muraille, maugréa Cyprielle.

– Bah, t’es aveugle ou quoi, débroussailleuse ? C’est pas embêtant pour ton métier ? T’as jamais confondu un de tes collègues avec un prédateur ? rigola-t-il.

La jeune femme chercha une réplique qui ne vint pas. Boomer semblait beaucoup s’amuser de la situation. Elle lui aurait bien mis une pichenette derrière la tête pour arrêter son rire stupide, mais pour ça elle aurait dû se lever, et ses jambes n’étaient pas prêtes pour ça, les traîtresses !

– Trêve de plaisanterie, reprit-il avec sérieux. Regarde dans la direction de mon doigt. Tu vois derrière la cime des arbres, on distingue un amas informe. Ok ? Ça, c’est une cité. J’ai pas une connaissance terrible de la géographie, mais étant donné qu’elle n’est qu’à quelques heures de Marlimar, je dirais que c’est Dreta.

– OK, attends, qu'est-ce que tu viens de dire ? Tu ne connais pas la géographie de Djakarou ? Comment tu comptes m'emmener à Hija alors ? T'as une carte ?

– Tu sais bien que les cartes sont réservées aux marchands, se rembrunit Boomer.

– Bah je sais pas, t'aurais pu en voler une ! s'expliqua Cyprielle en haussant les épaules.

– Tu as une belle image de moi, dis donc. Tout le monde sait qu'Hija se trouve au nord, il suffit de prendre cette direction…

– Il suffit de prendre cette direction ? T'es sérieux, là ? s'étonna Cyprielle.

– T'as une meilleure solution peut-être, débroussailleuse ? Toi qui n'as jamais quitté Marlimar ! Tu sais mieux que moi, comment voyager ? s'agaça-t-il. Je t'écoute.

Cyprielle se mordit les lèvres. L'étonnement l'avait emporté sur la prudence, mais elle ne voulait pas se mettre à dos son seul allié. Les expéditions extérieures étaient inexistantes, raison pour laquelle il n'existait pas de cartographie exacte de Djakarou. Les quelques cartes qui étaient tracées étaient très approximatives et indiquaient les grandes directions entre les cités, jamais l'ensemble du continent qui restait un terrain inexploré, car bien trop dangereux. Les rares fous qui s'y étaient aventurés n'étaient jamais revenus pour raconter leur expérience. Les marchands et les mercenaires connaissaient les voies navigables et ne s'en éloignaient jamais, raison de plus pour expliquer que les cartes n'avaient pas d'utilité, à part pour les plus fortunés qui voulaient exhiber leur pouvoir.

– Excuse-moi Boomer, je ne voulais pas te froisser. J'ai surréagi à cause de tout le stress des derniers événements. Évidemment que je sais que ce n'est pas si simple de voyager… apaisa-t-elle.

– Pas de souci, s'adoucit Boomer. Je comprends. On va s'approcher de Dreta pour essayer de comprendre pourquoi l'idiot de garde n'a pas allumé les feux de direction.

Boomer manœuvra pour que le biplace change de direction. Cyprielle apercevait à présent les hautes murailles semblables à celles de sa propre cité. Le jour commençait à percer à travers le voile de la nuit, diffusant une légère lueur au loin. Elle cherchait à entendre les premiers signes d'agitation d'une cité qui s'éveille. Des bruits de portes qui s'ouvrent, de chariots qui roulent, de caisses posées auprès des étals. Elle scrutait l'astroport sur lequel le marché n'allait pas tarder à s'installer tout en haut de la cité, près des vaisseaux de marchandises et de la lumière du jour. Cyprielle fronça les sourcils.

– Quelque chose cloche, fit Boomer en écho à ses doutes.

– Où sont les habitants ? murmura-t-elle.

– Regarde la porte ! s'écria alors Boomer en se redressant sur l'aéronef.

Cyprielle obéit.

Un trou béant se trouvait à la place de l'entrée de la cité.

La cité détruite

Merde ! Qu'est-ce qui s'est passé ? s'interrogea tout haut Boomer.

– On ferait mieux de poursuivre notre route, tu ne crois pas ? s'inquiéta Cyprielle.

Boomer lui jeta un coup d'œil surpris avant de reprendre sa contemplation de Dreta. Après un examen plus minutieux, la débroussailleuse comprit que la porte n'était pas détruite, juste ouverte. Pourquoi les habitants n'avaient-ils pas fermé la porte ? Cyprielle fut prise d'une sueur froide au moment où la pensée lui traversait l'esprit. Il n'y avait peut-être plus de citoyens ! Comment était-ce possible ? Et pourquoi Marlimar n'était pas au courant ? Dreta était leur voisine, ils auraient dû être les premiers informés s'ils avaient essuyé une attaque ! Une petite voix lui rappela que leur cité s'était trouvée pas mal occupée ces derniers jours aussi.

– Moi je pense qu'on doit savoir ce qu'il s'est passé, martela Boomer. Tu n'es pas curieuse ?

– Pas vraiment…

– Je trouve que ça fait trop de coïncidences pour en être encore ! Marlimar attaquée, Dreta à l'abandon, les mercenaires qui réquisitionnent tes sœurs pour le compte du conglomérat…

Cette dernière phrase fit tiquer la débroussailleuse. Boomer avait raison. Il se tramait quelque chose. Les prédateurs passaient à l'offensive et, pour le moment, ils ne s'en sortaient pas trop mal. Le conglomérat semblait au courant, d'ailleurs, sinon il n'aurait pas enlevé ses sœurs.

– Réfléchis, peut-être que je me trompe, mais si Hija n'est pas au courant, nous devons savoir ce qu'il s'est passé ici pour le raconter au conglomérat. Ça nous donnera une excuse pour être reçus !

– Et s'ils savent déjà ? demanda la débroussailleuse en levant les sourcils.

– Eh bien, nous improviserons, j'imagine, répondit Boomer en se frottant la nuque. Allez, je vais m'amarrer.

Boomer s'activa. Cyprielle, qui n'avait pas bougé de sa place, s'agrippa au bastingage et au prix d'un effort considérable, souleva une fesse pour regarder par-dessus bord l'approche de la cité. Elle demanda à Boomer de faire un premier tour de la muraille avant d'aller se poser à l'astroport, elle voulait vérifier quelque chose. Elle essaya de repérer, habituée qu'elle était, les signes de végétaux à l'œuvre. Elle en dénicha rapidement. Là, une fissure qui n'était pas naturelle dans la muraille et courait du sol sur une distance de plusieurs mètres, parallèle à la porte, afin de la fragiliser. Ce qu'elle ne trouva pas cependant fut les carcasses de prédateurs. S'il y avait eu une attaque, il aurait dû y avoir des morts, dans les deux camps. Alors, où étaient-ils ? Boomer avait raison, ils devaient découvrir ce qui était arrivé à Dreta. Cyprielle, même si elle était morte de trouille, ne pouvait pas passer à côté d'un désastre en détournant les yeux. Elle le devait aux habitants, être leur mémoire, leur porte-parole au nom de tous les oubliés de Djakarou. Elle prit une profonde inspiration en espérant que cela lui donnerait le courage d'affronter ce qui les attendait à l'intérieur. Boomer reprenait déjà de l'altitude pour les emmener vers l'astroport. Elle le laissa à sa manœuvre et chercha du courage en elle. Son cœur battait trop fort dans sa poitrine, ses mains étaient moites, elle s'épongea le visage avec son foulard et vérifia que celui qui cachait ses cheveux et son front était bien en place. Il ne faisait pourtant pas si chaud.

Lorsque le biplace se posa enfin, Boomer sauta pour l'accrocher sur une ancre à l'aide d'une corde. Alors, il revint vers elle et l'aida à descendre en lui prenant la main. Elle se cramponna à lui pour ne pas tomber. Sur le pont, ils s'arrêtèrent en observant les environs sans se lâcher. Cyprielle espérait au fond d'elle qu'un habitant allait sortir de sa loge pour les accueillir et que la vie reprendrait son cours. Mais au bout de minutes interminables, elle fut obligée de constater qu'il ne se passait rien. Boomer se mit en mouvement et elle lui emboîta le pas. Ils ne parlaient pas, la jeune femme retenait sa respiration comme si elle craignait de déranger des fantômes. Elle remarqua à un moment que Boomer tenait dans sa main libre une machette longue et effilée. Elle aurait aimé avoir la sienne, mais elle lui avait été confisquée lors de son arrestation.

– Tu n'en aurais pas une pour moi par hasard ? fit-elle en montrant d'un mouvement de tête l'arme.

– Hein ? Ah, si, attends-moi là.

Il repartit au pas de course vers l'aéronef, sauta dedans, tandis que Cyprielle retenait un cri et farfouilla jusqu'à en ressortir une lame qu'il lui rapporta. Elle se sentait un peu plus en sécurité grâce à son arme, même si elle aurait aimé sentir le poids de son lance-flamme sur le dos pour une fois. Elle s'assura qu'elle tenait la machette fermement et s'engagea avec Boomer sur l'astroport. Partout où elle portait son regard n'étaient que désolation, caisses fracassées, échoppes abandonnées et ouvertes. N'importe qui aurait pu y entrer pour se servir. C'est d'ailleurs ce que fit Boomer.

– On ne devrait pas, chuchota-t-elle en essayant de le retenir par le bras.

– Dans la vie, ma chère, il faut savoir saisir les opportunités, expliqua Boomer en entrant dans une échoppe et en commençant à fouiller. Tu ne crois pas que les habitants ont encore besoin de tout ce bazar ? argumenta-t-il en prenant des outils qu'il soupesa et glissa à sa ceinture.

– Mais on ne sait même pas ce qui leur est arrivé !

– Ça me semble plutôt évident. En tout cas, ce qui est sûr, c'est qu'il n'y a plus personne pour nous dire que c'est mal. Tu ferais mieux d'en faire autant. On est parti si vite de Marlimar qu'on n'a presque rien emporté avec nous et ça risque de nous manquer.

Cyprielle n'arrivait pas à s'y résoudre. Elle s'éloigna de Boomer en secouant la tête. Il était vraiment sans gêne. Elle regardait l'échoppe. Les habitants avaient quitté les lieux en catastrophe, cela se voyait, mais où étaient-ils passés ? Qu'est-ce qui les avait forcés à partir en abandonnant leurs affaires ? Même une attaque de prédateurs ne virait pas de façon aussi dramatique. Elle s'approcha de la pièce du fond, celle qui se trouvait derrière un rideau et qui était souvent la pièce de vie des marchands, et souleva le rideau. Une odeur pestilentielle vint la prendre à la gorge. La débroussailleuse porta la main à son nez en grimaçant. Elle aurait dû reculer, mais une curiosité malsaine la força à avancer. Elle entendait Boomer se parler à lui-même. Elle mit un pied devant l'autre. La pièce était plutôt grande, une table trônait au centre avec des restes de repas moisis. L'odeur venait peut-être de là, pensa Cyprielle qui essayait de se convaincre. Une armoire bloquait la vue vers ce qui devait constituer la partie nuit de la loge. Elle poursuivit son inspection et passa une tête tremblante de l'autre côté du meuble. Son cri s'interrompit dans sa gorge. À la place, elle se pencha en avant et vomit sans réussir à détacher ses yeux du cadavre en décomposition. Cyprielle constata, sans trop savoir comment elle parvenait encore à remarquer des choses, les entrailles à l'air libre, le visage figé dans un rictus de douleur atroce et la mare de sang séché.

– Tu as trouvé quelque chose d'intéressant ? lui demanda Boomer en la rejoignant. Qu'un prédateur me bouffe ! s'exclama-t-il en découvrant ce que la jeune femme regardait.

– C'est ce qui a dû lui arriver, je pense, souffla-t-elle sans vouloir faire de mauvaises blagues.

– Allez, viens, c'est pas bon de rester là, expliqua Boomer en la tirant par la manche.

Elle le suivit avec soulagement en s'essuyant la bouche d'un revers de main. Cyprielle sentait ses jambes frêles et s'inquiéta qu'elles la lâchent. En arrivant à l'extérieur, elle prit une grande bouffée d'air frais pour faire partir cette odeur de son nez. Elle s'appuya quelques instants sur les débris d'un étal afin de reprendre des forces. Elle se demanda si elle oublierait un jour ce genre de vision d'horreur. Elle en doutait. Elle avait déjà vu des cadavres, bien sûr, mais jamais dans un tel état de décomposition et si amochés. Quelque chose la faisait tiquer sans qu'elle parvienne à mettre le doigt dessus.

Ils continuèrent leur inspection sans parler ni faire de bruit. Ils découvrirent encore beaucoup d'autres cadavres abandonnés là où ils étaient tombés. Aucune sépulture n'avait été prévue pour eux. Pourtant, un mort était une richesse précieuse dans leur monde. Il servait à nourrir la terre pour leurs cultures. Chaque cité se devait d'être au maximum autosuffisante afin d'éviter les transports de marchandises inutiles. Il y avait donc des potagers ultra-sécurisés dans chaque cité. Les jardiniers devaient s'assurer qu'aucun prédateur végétal ne vienne s'immiscer dans les cultures sous peine de perdre l'entièreté de leurs réserves. C'était un travail très stressant, peu de personnes avaient la possibilité de s'approcher des potagers. Ainsi, les jardiniers utilisaient les morts pour faire de l'engrais. Même dans l'au-delà, les gens gardaient leur utilité. Une attaque de prédateurs de grande ampleur ne pouvait expliquer que Dreta soit à présent à l'état de ruines. Ils finirent leur tour du niveau le plus élevé et s'arrêtèrent devant une des routes qui descendaient en pente douce vers les entrailles de la cité. Les fuyards observaient, cherchant à percer l'obscurité qui y régnait.

– Je ne pense pas qu'on découvrira plus de survivants plus bas, murmura Cyprielle.

– Je suis d'accord. Mon instinct me crie de nous enfuir, mais quelque chose me retient ici. Le besoin de savoir, de comprendre, j'imagine…

Cyprielle hocha la tête, incapable, elle aussi, de bouger.

– Toi aussi, tu penses qu'il y a quelque chose de pas normal dans tout ça ?

– C'est le moins qu'on puisse dire ! s'exclama Boomer un peu trop fort.

La débroussailleuse se crispa et tendit l'oreille. Comme si elle avait peur qu'en parlant trop fort, Boomer allait réveiller quelque chose… Lui aussi dut s'en rendre compte, car il s'interrompit et pencha la tête vers les rues en contrebas en plissant les yeux. Cyprielle s'approcha de lui pour l'imiter. Elle se sentait observée et cela lui mettait les nerfs à rude épreuve.

– Je ne sais pas si cette cité me rend complètement parano ou bien si c'est réel, mais j'ai cru voir du mouvement…

– Où ? articula-t-elle en déglutissant péniblement.

– Au niveau trois, fit Boomer en montrant du doigt le troisième étage des bâtiments. Tu crois qu'il peut s'agir de survivants ?

– Si c'est le cas, j'ai beaucoup trop de questions en tête ! Comme, pourquoi ils n'ont pas enterré leurs morts ? Pourquoi ils ne sont pas venus nous accueillir ? Pourquoi ils n'ont pas reconstruit leur porte ? T'en veux d'autres ? questionna Cyprielle d'une voix stridente.

– Elle est pas cassée, répondit Boomer sur le ton de la conversation, les yeux toujours rivés vers l'endroit où il pensait avoir vu du mouvement.

– De quoi tu parles ? demanda Cyprielle qui tournait la tête dans tous les sens à présent, à la recherche d'une potentielle attaque.

– La porte de la muraille. Elle est pas cassée, elle est juste restée ouverte.

– Mais qui fait ça ?

Cyprielle ne put poursuivre sa réflexion, un cri perçant leur déchira les tympans. Elle sursauta, ses cheveux se dressèrent sur sa tête.

– J'imagine qu'on va avoir la réponse à toutes nos questions bien plus vite qu'on ne le pense, exposa Boomer, bien trop calme au goût de Cyprielle. Allez, c'est le moment de dégager, fit-il. Je ne suis pas certain qu'ils vont nous offrir à boire.

Il virevolta alors et partit en trottinant vers le biplace. Cyprielle mit plus de temps à réagir. Ce qu'elle vit lui glaça le sang d'effroi. Des hommes et femmes en guenilles se dirigeaient vers eux en courant. Ils avaient le regard fou, la bouche en sang et grognaient comme des bêtes. La jeune femme prit ses jambes à son cou. Elle rattrapa Boomer et le dépassa. Il allongea la foulée et fut en même temps qu'elle à l'aéronef. Il détacha la corde au moment où les habitants arrivaient sur la place et se précipitaient dans leur direction en se bousculant, crachant et claquant des dents dans la direction de leurs congénères. Cyprielle sauta dans le biplace, faillit tomber, cria en effectuant de grands moulinets des bras et s'accrocha à s'en faire pâlir les phalanges au vaisseau. Son vertige était toujours là, faisant battre la chamade dans sa poitrine et trembler ses jambes, mais une peur plus primitive avait pris le dessus. Elle trouva Boomer beaucoup trop long à préparer le vol. L'aéronef s'éloigna juste au moment où les monstres posaient le pied sur le ponton.

Ils n'ont plus rien d'humain, pensa-t-elle en remarquant les rictus retroussés sur des gencives ensanglantées, les cris gutturaux et les odeurs nauséabondes. *Que leur est-il arrivé ?*

La débroussailleuse tenait sa machette d'une main et le bastingage de l'autre. Elle était à moitié baissée pour garder son équilibre pendant que Boomer manœuvrait. Elle était prête à trancher dans le gras si l'un d'entre eux se sentait l'envie de partir en voyage avec eux. Sans s'en rendre compte, elle s'était campée sur ses pieds, tournée vers les assaillants. Elle refusait de regarder ailleurs que vers les monstres qui approchaient, de peur de perdre son équilibre en voyant le vide autour d'elle. Le biplace était certes maniable, mais ils avaient mis bien trop de temps à comprendre la situation et à s'échapper. Aussi, un des habitants parvint à sauter pour s'accrocher au bastingage. L'aéronef bascula sous son poids et plongea dangereusement vers le sol. Cyprielle se cramponna, hurla puis serra les dents jusqu'à s'en faire mal à la mâchoire. Pas question de lui laisser une chance de leur montrer ce qu'il leur voulait. C'était plutôt clair. Elle aplatit sa machette sur les mains agrippées devant ses yeux. Elle dut s'y reprendre à plusieurs fois, tandis que Boomer jurait tout en manœuvrant. Elle entendit alors un craquement, le monstre lâcha, tomba sans un cri et s'écrasa au sol. Cyprielle jeta des regards fous de terreur dans tous les sens pour s'assurer qu'il n'y en avait pas d'autres. Une fois sûre qu'ils n'étaient que deux sur l'aéronef, elle s'autorisa à fermer les yeux, toujours agrippée au bastingage. Sa respiration était saccadée. Elle essaya de se calmer en prenant de grandes inspirations, mais l'air refusait d'entrer dans ses poumons. Une secousse lui fit ouvrir les paupières de nouveau, elle s'assit lourdement sur sa place en s'évertuant de ne pas pleurer.

– Là, on est suffisamment loin pour que ces machins ne puissent pas nous sauter dessus. Ça va, Cyprielle ? s'inquiéta Boomer.

Elle secoua la tête de droite à gauche, incapable de parler. Le silence s'installa quelques secondes entre eux, interrompu par les hurlements des habitants de Dreta qui braillaient leur frustration d'avoir perdu… un festin !

– En tout cas, tu peux être fière de toi ! Tu as géré avec… ce truc, quoi qu'il puisse être. Allez, mets la tête entre tes genoux, ça va passer. Comment tu te sens ?

– Ça devrait aller, articula-t-elle en relevant la tête. Pourquoi tu restes devant Dreta ?

– On doit prendre une décision avant de partir, répondit-il, la mine grave, le regard braqué sur les hauteurs de la cité.

Cyprielle fronça les sourcils sans comprendre. Elle était encore sous le choc. Puis la lumière se fit dans son esprit.

– Tu crois qu'il s'agit de « mordus » ? Tu as eu l'occasion de voir comment ceux de Marlimar se comportaient ?

– Non, j'en sais pas beaucoup plus que ce que je t'ai dit. Ils s'attaquent à tout le monde et essayent de les bouffer. Après, on a pas attendu de savoir ce que eux nous voulaient, lança Boomer en montrant les habitants de Dreta du doigt. Ils voulaient peut-être juste nous souhaiter la bienvenue ! On ne connaît pas leurs mœurs, ils sont sûrement très chaleureux et enthousiastes, poursuivit Boomer en prenant un air sérieux.

– Du style, ils nous invitent à dîner et c'est seulement une fois à table qu'on réalise que le repas c'est nous ? enchaîna Cyprielle en rigolant nerveusement.

La tension était en train de retomber. Les deux fugitifs éclatèrent de rire à s'en faire mal au ventre. Au bout de plusieurs minutes, sans parvenir à se calmer, ils redevinrent enfin sérieux. Cyprielle prenait l'ampleur de la décision qui les attendait. Elle se rembrunit.

– Il faut partir du principe qu'il n'y a aucun survivant, commença-t-elle.

– Et peut-être que c'est contagieux… J'ai du mal à envisager que tous ces mordus soient l'œuvre de prédateurs.

– Tu peux développer ?

– Ils ont subi une attaque, de cela on est pratiquement sûr. Mais tu as vu, toute la cité est tombée. Soit les prédateurs étaient vraiment très nombreux…

– … soit les mordus infectent ceux qu'ils mordent, termina-t-elle en prenant conscience de l'ampleur de la situation. Je sais ce qui m'a dérangé tout à l'heure lorsque j'ai trouvé ce cadavre dans l'échoppe !

– Quoi ?

– Les marques de morsures. J'en ai vu beaucoup au cours de ma carrière de débroussailleuse… et celles de cet homme n'étaient pas des morsures de prédateurs, j'en suis certaine à présent, fit Cyprielle en hochant la tête avec conviction.

– Bon, alors on peut émettre deux hypothèses : soit les mordus bouffent les autres, soit ils les infectent.

– C'est peut-être en rapport avec leur appétit, hasarda Cyprielle. S'ils ont faim ou s'ils sont rassasiés, grimaça-t-elle.

– Dans les deux cas, j'ai pas envie d'essayer !

– Je comprends pourquoi tu disais qu'on devait prendre une décision, poursuivit la débroussailleuse en sentant son cœur se serrer.

– On ne sait pas si c'est curable…

– On ne peut que constater les dégâts…

Cyprielle voyait bien que ni elle ni Boomer ne voulaient prononcer les mots même si leurs conclusions étaient catastrophiques. La cité tout entière était détruite. Du peu qu'ils avaient pu apercevoir, il n'y avait pas de survivants ou en tout cas, il n'y en avait plus. Dreta avait subi une offensive, des gens avaient été mordus et s'étaient transformés en bêtes féroces qui attaquaient leurs semblables et n'hésitaient pas à fourailler dans leurs entrailles. Ils devaient faire quelque chose, mais quoi ? Retourner à Marlimar était impensable, Cyprielle serait arrêtée dès l'instant où elle poserait un pied sur le ponton. Partir en abandonnant les mordus à leur sort ? Et s'ils sortaient de la cité ? Ne risquaient-ils pas d'arriver jusqu'à une autre cité et de l'infecter à son tour ? Même si les habitants ne les laisseraient pas entrer en découvrant leurs tronches, ils pourraient faire des ravages de l'extérieur, non ? La jeune femme cherchait une excuse pour ne pas avoir à prendre cette décision, mais elle voyait bien qu'elle devrait s'y résoudre.

– Tu penses qu'il faut les brûler ? demanda-t-elle d'une voix tremblante à Boomer.

– Ça serait faire preuve de miséricorde. On ne peut pas les planter comme ça, non ? Tu voudrais d'une vie comme celle-là, toi ?

– Non, mais et si ça disparaît avec le temps ? On ne connaît pas encore ce mal. Il est peut-être temporaire…

– Hmm, imaginons, tu te réveilles de ce cauchemar. Comment tu vivrais après en sachant que tu as bouffé tes voisins ?

– T'es toujours aussi agaçant ou c'est juste pour moi ?

– Je prends ça pour un compliment, répondit Boomer en la remerciant d'un signe de tête.

– Non, nous ne pouvons pas prendre ce genre de décision. Pas tant que nous n'en savons pas plus sur la situation, martela Cyprielle soudain convaincue. Nous allons refermer la porte pour les contenir à l'intérieur des murailles, c'est tout !

Des survivants

Après être descendus au sol pour refermer la lourde porte de la muraille de Dreta, Cyprielle et Boomer reprirent la route vers Hija. Ils n'avaient pas pu l'actionner de l'intérieur, c'était trop dangereux pour eux d'entrer dans la cité et de s'y retrouver enfermés. Ils la poussèrent comme ils purent pour simplement bloquer la sortie. Ils utilisèrent des roches tombées pendant l'attaque pour monter un amoncellement afin d'en condamner l'accès. Ils espérèrent que cela suffirait à empêcher les mordus de sortir. Ils s'arrêteraient à la prochaine cité pour prévenir que Dreta était tombée. Cyprielle repensait sans cesse aux deux attaques coup sur coup de la part des prédateurs. Ce n'était pas normal. Il se tramait des choses qu'elle ne comprenait pas, et les événements étaient trop inquiétants pour les ignorer. Cependant, elle ne savait pas bien ce qu'en tant que débroussailleuse, elle pouvait faire. Informer sans doute, mais agir ? Boomer était en train de siffloter à sa place en observant le paysage qui s'ouvrait devant eux. Il bricolait un outil qu'elle ne voyait pas. Elle ne comprenait pas sa légèreté. Il ne semblait jamais inquiet. Était-ce juste une balade de courtoisie pour lui ? Même s'il lui avait dit, lors de leur fuite, que partir à l'aventure avait toujours fait partie de ses rêves les plus fous, la jeune femme trouvait tout de même que la réalité n'était pas si excitante. Et comment pouvait-il être détendu alors qu'ils risquaient à tout moment de se faire attaquer par des rapaces ou autres horreurs volantes ? Ne fallait-il pas mieux se montrer discret ?

Ils voyageaient depuis maintenant deux jours et Cyprielle n'avait que très peu dormi, aussi la fatigue commençait-elle à se faire sentir. Elle était irritable, tremblait en permanence et avait les yeux qui la brûlaient à force de rester ouverts. Ils n'avaient pas beaucoup de réserves de nourriture non plus, ils étaient partis en catastrophe de Marlimar et n'avaient pas pu faire leurs emplettes à Dreta, même si Boomer n'avait pas hésité à prendre quelques outils pour lui. Ils n'avaient pas eu le temps de trouver à manger. Elle espérait qu'à la prochaine citadelle, l'information de leur fuite n'aurait pas encore été révélée afin qu'ils puissent se poser un peu. Heureusement, le seul moyen de communication entre villes était les transports de marchandises, ce qui limitait un peu la diffusion. À chaque fois qu'une cité avait essayé de déployer un autre système de communication, cela s'était soldé par un échec. Les prédateurs avaient toujours mis un terme à leurs tentatives. Que ce soient des fils enterrés dans le sol, espacés sur les routes, ou des antennes dispersées. Cyprielle se souvint de l'idée intéressante d'un régent, qui avait soulevé une grande vague d'espoir de ne plus vivre en autarcie. Il avait proposé la mise en place de coursiers rapides par voie terrestre. Des hommes et femmes qui traverseraient les terres de Djakarou à bord de véhicules légers, maniables et rapides. Cependant, même si les habitants soutenaient cette initiative, peu étaient prêts à en faire leur métier, surtout après les premiers essais qui s'étaient révélés très mortels. Les prédateurs s'étaient amusés à les prendre en chasse, comme s'ils en faisaient un jeu et beaucoup de coursiers avaient péri. Cette idée avait aussi fini par être abandonnée. C'était connu qu'il ne fallait pas s'aventurer sur les Terres de Djakarou seul, il valait mieux avoir une troupe solidement armée et entraînée pour faire les trajets, comme c'était le cas des transports commerciaux qui voyageaient à bord d'énormes dirigeables accompagnés de mercenaires. Les airs demeuraient le moyen le plus sûr, car il y avait moins de prédateurs et aucun végétal. Mais pour un aéronef comme celui de Boomer, cela restait du suicide, puisque les rapaces aimaient, eux aussi, chasser les humains.

Cyprielle s'éventa de la main. Il était tôt, mais la chaleur était déjà bien présente. Elle réajusta son foulard pour se protéger du soleil qui n'allait pas tarder à briller trop fort pour sa peau. Cette période de l'année était toujours plus difficile, car la température pouvait monter très haut, rendant le travail encore plus épuisant.

– Il y a quelque chose de pas normal, dit Boomer en se redressant sur son siège.

Il attrapa une longue-vue qu'il dirigea plus loin sur le chemin devant eux. Le sang de la jeune femme ne fit qu'un tour. Qu'allait-il encore leur arriver ? À l'inverse de Boomer, elle se renfonça dans sa place, coincée entre les caisses dans l'attente qu'il lui annonce ce qu'il avait vu.

– Tiens, regarde, fit-il en se retournant pour lui tendre la lunette.

Cyprielle hésita, puis finit par prendre l'objet, elle se redressa suffisamment pour la poser sur le rebord du biplace et regarda dans la direction qu'il lui indiquait. Il lui fallut quelques instants pour trouver ce dont Boomer parlait, le temps que sa vision s'ajuste aussi. La débroussailleuse hoqueta en retirant la lunette de son œil comme s'il l'avait brûlé.

– Des humains ! À pied ! Mais qu'est-ce qu'ils font là ?

– J'imagine qu'on va bientôt le découvrir, répondit Boomer en haussant les épaules. Ils nous ont sûrement déjà entendus arriver. On ne peut plus les éviter. Regarde, ils se sont arrêtés et nous font signe. Je vais nous approcher, mais sans nous poser.

– Ok… Je me demande s'il ne s'agit pas des survivants de Dreta.

Les personnes qui faisaient de grands gestes en criant dans la direction de l'aéronef se trouvaient sur une plaine. Comment avaient-ils survécu sur le chemin jusqu'ici ? Certains trimballaient des ballots, d'autres avaient des charrettes à bras qu'ils tiraient, mais beaucoup semblaient n'avoir que ce qu'ils portaient sur eux et rien de plus comme bagages. Ils ressemblaient à des fuyards comme eux. Ils étaient sales, dépenaillés, certains avaient des armes de fortune, des marteaux, des couteaux, des fourches. Cyprielle remarqua tout de même quelques lance-flammes, il y avait donc des débroussailleurs avec eux. Très peu d'enfants ou de vieillards. En détaillant le groupe, elle ressentait de moins en moins l'envie de savoir ce qu'ils faisaient là et quelle était leur histoire. Elle se força à respirer et à se préparer à ce qui allait suivre. Boomer s'immobilisa au-dessus d'eux, suffisamment loin pour qu'ils ne puissent pas tenter de s'accrocher à l'aéronef.

– Par la muraille, nous sommes si heureux de voir des humains, fit une femme en sortant un peu du groupe.

Elle affichait une mine fatiguée, une grande estafilade sur le visage était en train de cicatriser. Elle avait un énorme coutelas à la ceinture et deux hommes l'entouraient tels des gardes du corps.

– Qu'est-ce que vous faites dehors ? questionna Boomer sans préambule.

– Je suis Déda, la régente de Dreta, une cité à quelques jours d'ici au sud.

– Oui, nous connaissons, répondit Cyprielle en se redressant de sorte à voir le groupe. Nous y sommes passés…

– Alors, vous savez ce qui nous est arrivé, poursuivit la régente d'une voix vibrante de colère et de tristesse.

– Nous n'avons pu faire que des suppositions, expliqua Boomer. On serait pas contre une mise à jour de nos infos.

– Nous avons été surpris en pleine nuit par une attaque comme nous n'en avions jamais connu. Les prédateurs s'étaient alliés les uns aux autres, raconta-t-elle, de l'horreur plein la voix. Ils étaient si nombreux… nous avons été dépassés.

– Vous n'aviez pas d'éveillés ? questionna Cyprielle.

– Ils se sont fait réquisitionner pour le compte du conglomérat quelques jours seulement avant l'attaque, cracha Déda.

Cyprielle et Boomer échangèrent un regard.

– Le conglomérat nous a laissés sans défense et juste après, nous subissions cette attaque ! Je serais mauvaise langue, je dirais que les prédateurs le savaient, mais je ne vois pas comment ça serait possible. Nous avons fini par les repousser, mais en perdant beaucoup de monde, poursuivit Déda. Et alors que nous étions encore à panser nos plaies, certains d'entre nous, qui avaient été mordus, se sont transformés en bêtes.

– Oui, nous avons fait leur connaissance. Ils sont plutôt… collants.

Déda ne releva pas la tentative d'humour de Boomer. Cyprielle pouvait la comprendre, il s'agissait de gens qu'elle fréquentait, qu'elle connaissait peut-être même des membres de sa famille.

– Nous avons réalisé trop tard qu'ils s'en prenaient à nous, continua-t-elle, la voix trop forte d'émotions. Nous n'avons rien pu faire à part fuir à pied.

– Qu'est-il arrivé à vos vaisseaux ?

– Détruits lors de l'attaque !

– Tous ? s'étonna Boomer.

Déda haussa les épaules dans un geste d'impuissance. Cyprielle observa le groupe. Ils étaient marqués par les événements des derniers jours. Elle pouvait le concevoir, car elle ressentait la même chose qu'eux : incompréhension, peur, perte de repères… Certains se serraient les uns contre les autres, d'autres semblaient nerveux de rester immobiles. Ils jetaient des regards anxieux dans toutes les directions, d'autres encore sanglotaient en silence ou avaient les yeux dans le vide. Toute leur vie, on leur avait appris à ne pas sortir, à craindre la nature et ils se retrouvaient dehors, sans protection, sans savoir s'ils seraient acceptés dans la prochaine cité ou même s'ils y parviendraient.

– Est-il possible de vous demander un service ? reprit Déda, une supplique dans la voix.

– Ça dépend du service, répondit Boomer du tac au tac.

Cyprielle fronça les sourcils.

Ce qu'il pouvait se montrer sans cœur, pensa-t-elle.

Ces gens avaient tout perdu et il ne faisait pas vraiment preuve d'indulgence. Déda ne s'en offusqua pas, elle hocha la tête.

– Nous aussi, on est des humains, mon pote, lança un homme un peu plus loin d'un ton hargneux. On mérite pas de crever.

Déda se tourna vers celui qui les avait interrompus, les épaules soudain crispées.

– Ça suffit Almios, ils n'y sont pour rien et eux se sont arrêtés, calma la régente en levant les mains dans un geste d'apaisement.

– De quoi vous parlez ? interrogea Cyprielle en tendant le cou pour les voir sans se redresser.

– Il y a quelques jours, une caravane commerciale nous a survolés. Nous avons fait comme avec vous, nous les avons appelés à nos risques et périls, nous avons hurlé pour qu'ils nous remarquent. Ils ne se sont pas arrêtés…

– Ils ne vous ont peut-être pas entendu, essaya-t-elle sans grande conviction.

Le bruit de bouche dédaigneux de Boomer lui fit comprendre qu'il n'y croyait pas plus qu'elle. Des humains à pied se distinguaient, surtout s'ils vous criaient dessus, même avec le vrombissement des moteurs.

– Oh, ils nous ont entendus ces enfants de salauds, je peux vous l'assurer, s'énerva à nouveau ledit Almios en crachant au sol. Ils nous ont regardés et ont même pris de l'altitude en nous survolant pour être sûrs qu'on ne les attaquerait pas. Après tout, ils ont bien fait parce que si ça n'avait tenu qu'à moi, je les aurais étripés ! Ils nous ont abandonnés ! Qui abandonne les siens ?

Son propos fut accompagné par des encouragements de certains de ses collègues. Mais la majorité était apathique ou trop terrifiée pour réagir.

– Nous connaissons les règles de Djakarou, celles qui édictent de se méfier des voyageurs à pied, qu'ils pourraient transporter des virus à leur insu, mais c'est différent de le savoir et… de le vivre, poursuivit Déda, le regard indéchiffrable.

La remarque de la régente, criante de vérité, glaça le sang de Cyprielle. Les piétons étaient un danger sur Djakarou. Elle avait oublié ce point crucial. Quels choix avaient-ils alors ? Rester à Dreta pour se faire manger par leur voisin, ou fuir à pied dans l'espoir que quelqu'un ferait preuve de miséricorde ?

– Quel était votre service ? questionna Boomer sans montrer d'émotions.

– Pourriez-vous aller jusqu'à la prochaine cité ? Il s'agit de Wrine. Elle se trouve à l'ouest d'ici et n'est qu'à quelques jours en aéronef, alors qu'à pied… Pourriez-vous leur raconter ce qui nous est arrivé et leur demander de nous envoyer des vaisseaux de transport pour nous récupérer ?

Au moment où Déda terminait sa phrase, ils entendirent un vrombissement qui approchait. Tous se figèrent. Cyprielle chercha d'abord au sol, pensant aux prédateurs, avant de se reprendre. Elle connaissait ce bruit caractéristique. Elle l'avait entendu le jour où tout avait basculé pour elle. Elle en eut confirmation juste après.

Un vaisseau de combat venait dans leur direction.

Pourparlers

Cyprielle se recroquevilla dans son siège à l'approche du vaisseau de combat. Déda avait expliqué qu'une caravane était passée au-dessus d'eux quelques jours avant. Et s'il s'agissait d'une caravane de Marlimar ? Et si sa description avait déjà été transmise ?

– Boomer, chuchota-t-elle à deux doigts de la panique. On doit partir.

– Ça ne servirait à rien, ils nous ont vus. Si on fuit, ils vont se douter de quelque chose alors que si on reste, on a une chance de découvrir si l'info leur est parvenue, lui répondit Boomer d'un ton assuré en se penchant vers elle.

– Vous vous trouvez sur le territoire de Wrine, énonça quelqu'un à l'aide d'un porte-voix. Ce territoire est interdit aux bannis. Au nom du régent, nous vous ordonnons de rebrousser chemin ou nous serons dans l'obligation d'ouvrir les hostilités.

– Eh bien, on peut dire qu'ils passent tout de suite au plat de résistance, lui, fit Boomer en secouant la tête.

– Qu'est-ce que c'est que les drapeaux qu'ils agitent ? demanda Cyprielle en pointant du doigt le vaisseau de combat.

– C'est pour nous ça. Ils nous indiquent qu'on peut accoster.

– En abandonnant Déda et sa troupe !

Boomer haussa les épaules. Leur biplace ne représentait pas une menace parce qu'ils étaient dans les airs. La fougère souffleuse poussait à proximité de l'herbe qui recouvrait le sol. Elle vivait en harmonie avec, s'emmêlant avec les pousses d'herbes. Elle libérait son poison au moment où la personne marchait dessus, comme lorsque quelqu'un expulsait de l'air de ses poumons. De fines particules étaient ainsi relâchées dans les airs et volaient un peu partout. Elles étaient trop petites pour être visibles et les personnes les aspiraient sans s'en rendre compte. Les symptômes n'arrivaient que plusieurs jours après. La victime tombait raide morte en expirant les mêmes particules lors de son dernier souffle. C'était plutôt contagieux et aucun remède n'existait à ce jour. La fougère souffleuse n'était qu'une des multiples espèces que les piétons auraient pu croiser en route. Il était fort probable, en plus, que si la troupe avait essuyé de nouvelles attaques, elle n'en parlerait pas, sinon c'était la mort assurée pour eux. Alors que là, ils avaient un espoir, infime certes, mais présent tout de même de rencontrer quelqu'un de bienveillant et empathique qui aurait accepté de leur porter secours. Cyprielle pouvait comprendre au fond d'elle pourquoi les soldats de Wrine étaient suspicieux.

– Qu'est-ce qu'on fait ? demanda-t-elle.

– On a pas vraiment le choix, répondit Boomer en montrant les armes pointées sur eux et prêtes à faire feu. On y va et on verra bien ce qu'ils savent ou veulent.

La jeune femme hocha la tête. Boomer se mit aux manettes pour actionner le biplace et le diriger jusqu'au vaisseau de combat. Elle observa les habitants de Dreta, l'estomac noué. Elle s'en étonna. Elle ne comprenait pas pourquoi leur sort lui importait. Elle pouvait être à peu près sûre que si elle avait vécu là-bas, ils se seraient comportés de la même façon que les habitants de Marlimar avec elle.

Rebut, pensa-t-elle.

La vie sur Djakarou était dure. Sa cité ne faisait pas exception. En découvrant que leur vaisseau s'apprêtait à les abandonner, certains habitants commencèrent à crier, d'autres à les supplier ou les invectiver. La jeune femme remarqua un vieillard s'asseoir par terre comme s'il abandonnait toute idée de s'en sortir, des enfants se resserrèrent contre leur mère et certains se mirent à pleurer en réponse à la tension ambiante. Cyprielle détourna les yeux pour se concentrer sur le vaisseau de combat qui continuait à agiter ses drapeaux afin d'indiquer à Boomer où s'amarrer. Une plateforme était prévue à cet effet. Les petits aéronefs pouvaient s'y accrocher par le biais de pinces à l'avant et l'arrière du vaisseau. Boomer y parvint sans aucune hésitation, à croire qu'il l'avait fait toute sa vie.

Il faudra que j'arrive à en découvrir plus sur lui et son histoire, pensa-t-elle*, il est plein de surprises.*

Cyprielle ne ressentit que quelques secousses durant lesquelles elle s'agrippa au bastingage en fermant les yeux, attendant que son vertige s'évanouisse. Une fois sûre qu'ils étaient bien sécurisés sur le vaisseau de combat, elle s'autorisa à les rouvrir. Des soldats installèrent une passerelle pour faciliter leur embarquement et leur firent signe de descendre. Boomer l'aida à se relever et lui tint la main jusqu'à ce qu'ils arrivent sur le pont du vaisseau. Elle lui en fut reconnaissante. Elle prit une grande inspiration en serrant ses mains entre elles. Ses jambes n'étaient pas bien assurées et tremblaient légèrement. Boomer lui jeta un regard discret en levant un sourcil pour vérifier qu'elle allait bien. Elle essaya de sourire, mais cela se transforma en grimace. Il lui indiqua du doigt de garder sa main à proximité de sa machette. Elle hocha la tête pour lui montrer qu'elle avait compris. Un soldat attendait un peu en retrait qu'ils aient fini avant de leur signifier que le capitaine du vaisseau souhaitait leur parler. Maintenant qu'elle recommençait à respirer, elle observa l'aéronef et remarqua que les soldats étaient à cran. Ils étaient prêts au combat, les armes étaient dégainées, les canons pointés vers le sol, leurs muscles tendus. Un silence surprenant régnait sur le bâtiment malgré le nombre important de personnes à son bord. Boomer fit signe au soldat qu'il pouvait leur indiquer la route. Il les emmena jusqu'à l'avant de l'aéronef où un petit homme se tenait sur le bastingage, les bras croisés dans le dos. Il fixait les fuyards d'un air embêté.

– J'aurai besoin d'avoir votre version de l'histoire, énonça l'homme sans autre préambule.

Cyprielle prit Boomer de vitesse et se mit à expliquer ce qu'ils avaient découvert sur Dreta et leurs survivants. Elle plaida leur cause pendant que l'homme restait impassible, le regard rivé sur les fuyards. Cela commença à l'agacer qu'il ne se tourne pas vers elle et ne réagisse pas. Plus ils perdaient du temps, plus le risque que les habitants se fassent attaquer augmentait. Qu'attendait-il ?

– Je ne pense pas qu'ils soient infectés.

– Ah oui ? Et qu'est-ce qui vous rend si sûr de vous ? demanda soudain le capitaine en posant son regard broussailleux sur la jeune femme.

Elle fut quelque peu déstabilisée par cette brusque interruption et perdit le fil de ses pensées. Elle eut envie d'en finir, de retourner dans le vaisseau et de partir loin d'ici, de tous ces gens et de leurs problèmes. Elle aussi avait des soucis, pourquoi s'attardait-elle avec eux ? Elle ne les connaissait pas après tout. Cyprielle rougit, mais l'homme attendait sa réponse en tapant du pied, signe qu'il s'impatientait.

– Si vous aviez vu ceux que nous avons croisés à Dreta, comme moi, vous n'auriez pas de doute, souffla-t-elle enfin du bout des lèvres. Ils se sont transformés en animaux. Ils ne souhaitaient qu'une chose : nous manger !

– Donc vous êtes en train de me dire que vous avez été en contact avec des mordus ?

Sa voix se fit soudain plus mielleuse. La débroussailleuse réalisa son erreur. Il pouvait tout à fait décider que Boomer et elle étaient aussi dangereux et les enfermer sans autre préavis. Cyprielle retint l'envie irrépressible de reculer ou de baisser les yeux, elle ne devait pas montrer de faiblesse. Elle soupçonna que le capitaine n'attendait que ça. Il ressemblait à un prédateur lui aussi, avec son visage allongé, sa barbe de quelques jours parfaitement taillée et son regard transperçant. Pourquoi fallait-il toujours que ce soit le même genre de personne qui se retrouve aux postes à responsabilité ? se demanda Cyprielle. Des gens méfiants, qui partaient du principe que tout le monde était coupable de quelque chose. Certainement parce que c'est le cas, énonça une petite voix dans sa tête, en repensant au fait qu'elle-même avait préféré fuir son procès que l'assumer ! Elle prit une grande inspiration, cherchant encore comment répondre à cette question.

– Nous ne sommes jamais descendus du biplace, intervint Boomer en se plaçant en avant pour que le capitaine reporte son attention sur lui. Nous avons survolé Dreta et constaté les dégâts. Les corps en train de pourrir à l'extérieur, les boyaux à l'air, les mordus faisant leur festin…

Cyprielle retint son souffle. Boomer mentait effrontément, mais il leur avait sûrement sauvé la mise.

– Nous avons même condamné la porte d'entrée de la muraille pour éviter l'infestation, voyez-vous. On n'a pas envie que des mordus se baladent dans la nature, termina-t-il en faisant un clin d'œil au capitaine.

La jeune femme remarqua la tension dans les épaules de Boomer, il lançait des coups d'œil rapides sur le vaisseau tout en parlant au capitaine avec force détails de tout ce qu'ils avaient vu à Dreta. L'attitude de Boomer donna le sentiment à la débroussailleuse qu'il avait l'habitude des mauvais coups et qu'il se tenait prêt à être poignardé dans le dos à tout instant. Il était sur le qui-vive. Elle se mit à observer, elle aussi, l'activité du vaisseau qui lui semblait normale, en dehors du fait que les soldats étaient armés. Les aiguilleurs étaient à leur poste, attendant un ordre de leur capitaine pour manœuvrer le vaisseau. Les soldats, eux, étaient positionnés à différents endroits stratégiques de l'aéronef. Cyprielle supposa qu'ils étaient parfaitement visibles pour Déda et les autres membres de la troupe au sol. Sûrement un moyen de calmer toute velléité de leur part en leur montrant qu'ils étaient mieux équipés et préparés. De toute façon, elle douta que quelqu'un soit assez fou pour s'en prendre à des soldats. Elle se concentra à nouveau sur Boomer et le capitaine. Son camarade donnait l'impression de discuter avec un vieil ami à présent, faisant des blagues, parlant avec les bras et force détails. Elle remarqua que le capitaine affichait toujours une mine affectée, mais que son attitude s'était un peu détendue. Il écoutait Boomer en hochant la tête, ce qui était bien plus que ce qu'elle avait obtenu de lui. Il lui posait des questions sur la porte d'entrée afin de savoir si elle était suffisamment sécurisée. Ce qui n'était pas le cas puisqu'ils étaient intervenus à deux pour une porte qui devait normalement être manipulée avec son mécanisme.

Une femme à la mine agitée apparut soudain à leur côté. Elle tenait des papiers dans une main, ses vêtements étaient chiffonnés, comme si elle avait dormi avec. Son visage bouffi témoignait d'un amour trop prononcé pour l'alcool. Elle semblait agacée et titubait légèrement. Elle bouscula la débroussailleuse en se frayant un chemin jusqu'à eux.

– Capitaine Baudri, que se passe-t-il ? Je croyais avoir été claire. En tant que représentante du régent de Wrine, vous devez m'informer de la situation, s'exclama la femme dans un mélange bafouillant et empreint d'autorité qui perdait son effet.

– Seconde Rotrude, je vous ai fait mander. N'avez-vous pas reçu mon messager ?

Le ton du capitaine semblait sincère, si bien que la femme dénommée Rotrude fronça les sourcils en se demandant s'il disait la vérité. Cyprielle comprit, dans ce simple échange, que le capitaine n'estimait pas cette femme. Il était du genre irréprochable, cela se voyait avec son équipement soigné, sa tenue immaculée et sa posture. La femme était négligée, une odeur de vieil alcool se dégageait d'elle. Cyprielle douta que le capitaine apprécie être rappelé à l'ordre par quelqu'un comme elle, qui avait du mal à faire respecter son autorité et devait en abuser à tout moment.

– Euh, non, j'étais occupée, je n'ai pas vu votre messager, bredouilla-t-elle rapidement. Bien, fit-elle avec plus de vigueur, faites-moi un point sur la situation. Qui sont ces gens au sol ? Les habitants de Dreta ? Et eux, demanda-t-elle en pointant du doigt Cyprielle et Boomer, sont-ils les représentants de cette troupe ? L'un d'entre vous est-il le régent ? Et si oui, que faites-vous à notre bord ? Je croyais avoir été claire, ils ne doivent pas monter ! tambourina-t-elle comme une enfant qui ferait une crise pour une sucrerie.

La débroussailleuse vit le capitaine soupirer avant de répondre. Il expliqua très succinctement la situation tandis que Rotrude l'interrompait tous les deux mots. La mâchoire du capitaine se crispait à chaque fois. La débroussailleuse devait lui reconnaître un sang-froid à toute épreuve et elle éprouva un peu plus de respect pour cet homme qui lui avait paru très insensible au premier abord.

– Bon, et qu'attendez-vous pour leur dire de déguerpir à présent, capitaine ? interrompit une fois de plus la femme en posant les mains sur ses hanches dans un geste de confrontation.

– Si mes souvenirs sont exacts, c'est à vous que revient le privilège de prendre la décision sur le sort de ces malheureux. Loin de moi l'idée de passer outre vos prérogatives. Il me semble important que vous discutiez avec eux pour savoir de quoi il en retourne, non ?

Le capitaine se moquait de l'administrative et pourtant elle ne pouvait rien répondre, parce qu'il le faisait avec beaucoup de subtilité. Si elle rétorquait, elle risquait de passer pour une bagarreuse ou une idiote. Elle dut s'en rendre compte, car elle rougit jusqu'aux oreilles en cherchant du regard quelqu'un d'autre à malmener. Ce fut le moment que choisit Boomer pour tirer discrètement Cyprielle à l'écart afin de la cacher quelque peu de la femme. Rotrude ne trouva pas, s'avança avec toute la grâce dont elle était capable, se prit les pieds dans du matériel stocké au sol, trébucha en agitant les bras dans tous les sens. Le capitaine réprima un rire en détournant la tête, comme s'il devait donner des ordres exactement à ce moment-là. Boomer, lui, ne se cacha pas pour rire, tandis que Cyprielle pouffait derrière sa main. Rotrude réussit à maintenir son équilibre, au prix d'une cascade peu réglementaire. Elle s'approcha du bastingage d'un air furieux et s'adressa aux habitants de Dreta qui attendaient encore leur sort, résignés.

– Peuple de Dreta, je suis la seconde Rotrude de Wrine. Vous vous dirigez vers notre cité sans autorisation, aussi nous sommes en droit de vous demander de faire demi-tour pour repartir chez vous. Vous êtes dans une zone privée.

Sa déclaration suscita des cris de protestation. Déda sortit du groupe pour s'avancer en agitant les mains dans un geste d'apaisement en direction de ses concitoyens. Cyprielle tendit l'oreille sans s'approcher du bord. Elle retenait sa respiration, soupçonnant que la suite risquait de dégénérer. Elle jeta un œil à Boomer qui avait disparu.

Où est-il passé ? se demanda-t-elle en fronçant les sourcils.

Une peur panique s'empara soudain d'elle. Et s'il l'avait abandonnée ? Après tout, il n'avait aucune raison de rester avec elle et de risquer sa vie. Quand elle constatait l'accueil réservé aux autres habitants, elle n'aurait pas été étonnée qu'il soit rentré à Marlimar. Personne ne savait qu'il l'avait aidée. En quelques jours, elle s'était habituée à sa présence rassurante et imperturbable. Comment ferait-elle sans lui ?

Rotrude s'entretenait avec la régente, mais Cyprielle était bien trop inquiète pour écouter ce qu'elles se racontaient. Elle chercha des yeux leur biplace en essayant de ne pas attirer l'attention du capitaine ni des soldats. L'aéronef était bien trop grand pour qu'elle parvienne à voir l'endroit où le vaisseau était amarré. La jeune femme remarqua des mouvements au sein des hommes. Ils s'approchaient du bastingage, vérifiaient leur équipement. D'autres semblaient armer les balistes. Elle se demanda ce qu'elle avait loupé tandis qu'elle se souciait de son acolyte. Elle entendait la voix de Déda qui suppliait, ses compagnons qui hurlaient, des enfants qui pleuraient. Cyprielle fit un effort pour s'avancer vers le bord et tendre l'oreille, mais pas trop près tout de même de la femme alcoolique de Wrine.

– Les ordres sont clairs, régente, vous feriez de même dans ma position.

– Je ne crois pas, non ! s'indigna Déda. Je n'abandonnerais pas des centaines d'humains à une mort certaine. Je les aiderais, au besoin je les mettrais en quarantaine le temps de vérifier qu'ils ne couvent rien. En ne nous recueillant pas, vous servez les prédateurs, Seconde ! J'espère que vous en avez bien conscience. Nous avons tout perdu, nos foyers, nos familles, nos repères… En tant qu'humaine, vous devriez nous tendre la main plutôt que nous rejeter.

Les propos de Déda étaient durs, mais justes. Cyprielle se demanda si la seconde allait se laisser convaincre. Elle ne pouvait pas se montrer insensible. Rotrude crispa ses doigts sur le rebord du vaisseau. Son regard jetait des éclairs, ses lèvres étaient pincées. Comment une femme comme elle pouvait-elle se retrouver à un poste aussi important ? s'étonna-t-elle. Puis, elle repensa à Rosala, sa propre cheffe et arrêta de s'interroger. C'était comme ça, certains avaient de la chance, d'autres non.

– Capitaine, je veux que vous vous prépariez à faire feu si ces gens s'entêtent à poursuivre leur route jusqu'à Wrine ! Toute cette folie a assez duré.

En entendant cela de la bouche de Rotrude, Cyprielle s'apprêta à rétorquer. Elle devait essayer. Même si la seconde ne faisait qu'obéir aux ordres du conglomérat, la situation était plus grave que ce qu'elle savait. Avec les attaques combinées des prédateurs, ils avaient besoin de faire preuve de souplesse et surtout d'avoir des témoins pour tenter de comprendre l'ampleur du drame qui se déroulait en ce moment. Alors qu'elle ouvrait la bouche, le capitaine occupé à donner ses ordres à ses soldats, Rotrude reçut en pleine tête une flèche qui se ficha avec un bruit sourd dans son front. Elle écarquilla les yeux, se tourna vers Cyprielle avec un regard de totale incompréhension, puis s'écroula sur elle. La débroussailleuse tenta de la rattraper, sans succès, la femme s'écrasa sur le pont en lâchant une dernière vapeur d'alcool. Puis ce fut le chaos. Cyprielle entendit le capitaine crier des ordres et Boomer fut sur elle. Il l'attrapa par le bras et la tira derrière lui. Autour d'elle, les soldats s'agitaient dans tous les sens. Des cris perçaient le brouhaha ambiant.

– Qu'est-ce qui se passe ? demanda Cyprielle en le suivant.

– Les habitants ont dû sentir que Rotrude ne leur laisserait aucune chance, leur instinct de survie a repris le dessus, j'imagine. En tout cas, ce combat n'est pas le nôtre. On ferait mieux de filer avant qu'on nous associe à tout ce bordel.

– Mais on a rien fait, s'étonna-t-elle.

– Dis ça au soldat que j'ai entendu parler de la prime sur la tête de deux fugitifs de Marlimar !

– Quoi ? demanda la jeune femme d'une voix blanche.

– Tu m'as bien compris, Cyp. Nos têtes sont mises à prix, alors on ferait bien de déguerpir de cet aéronef avant que les soldats se rendent compte que les fugitifs nous ressemblent étrangement !

L'observatoire

Boomer slalomait entre les soldats et les navigateurs, les évitant au possible pour ne pas les bousculer et les mettre encore plus à cran. La route jusqu'à leur aéronef parut durer une éternité à Cyprielle qui avait la vision brouillée. Elle finit par comprendre qu'elle pleurait. Était-ce de peur ou de rage ? Elle n'aurait su le dire.

Comment la situation avait-elle pu dégénérer aussi vite ?

Une pensée fugace et dérangeante lui traversa l'esprit. Si les humains n'étaient pas capables de s'entraider, alors les prédateurs avaient peut-être raison de les supprimer. Elle ne put pousser plus loin la réflexion, car deux hommes manœuvrant un canon leur bloquèrent la route. Ils le tournèrent, et Cyprielle ressentit un frisson qui la glaça jusqu'à l'os lorsque le canon se retrouva face à eux. Puis, elle comprit que cela faisait partie de la manœuvre pour l'amener jusqu'au promontoire d'où il devrait tirer. Elle les observa, fascinée et horrifiée. Les hommes avaient dessiné une gueule de léon ouverte sur la bouche du canon. Le résultat en était saisissant.

Un cri de Boomer la ramena à la réalité. Les habitants continuaient à jeter toutes sortes de projectiles sur les soldats qui, d'ici peu, mettraient en branle le vaisseau pour s'éloigner de leurs tirs peu fiables. Une fois hors de portée, le capitaine ferait sûrement voler son bâtiment autour des fuyards pour les exterminer. Les armes à bord d'un vaisseau, d'autant plus de combat, étaient bien plus maniables et précises, avec une longue portée.

La débroussailleuse repéra enfin la silhouette de leur biplace et poussa un soupir de soulagement. Elle redoubla d'efforts pour y parvenir avant que quelqu'un ne remarque leur fuite. Ils se déplaçaient recroquevillés pour éviter les tirs des deux camps, mais ne pouvaient pas courir à cause du combat et de leur souhait de discrétion. Boomer sauta dans son vaisseau en lâchant Cyprielle qui se retrouva tétanisée. Elle était incapable de franchir l'espace large d'un pas seulement entre le pont du navire et leur biplace. Le vaisseau bougeait trop. Elle sentait sous ses pieds le tremblement de la manœuvre. Et s'il faisait un écart au moment où elle traverserait le bastingage ? Non, c'était trop pour elle. Ses yeux étaient figés sur le vide entre les deux. Boomer qui s'activait déjà sur les câbles et pinces qui retenaient le vaisseau, finit par remarquer l'absence de sa compagne.

– Cyp ! On a pas le temps, grimpe !

– J'aimerais bien, répondit-elle sincèrement.

– T'as juste à faire un pas, c'est pas compliqué ! Tu sais marcher, non ? continua-t-il d'un ton agacé en poursuivant ses préparatifs.

– Je voudrais bien t'y voir, fit-elle, le cœur battant la chamade.

Cyprielle ne remuait pas, Boomer revint vers elle. Il se pencha, toujours sur son biplace, tendit la main en se tenant au mât de l'autre et l'invita à le rejoindre. La jeune femme s'agrippa de toutes ses forces à ses doigts et, au prix d'un effort considérable, réussit enfin à marcher !

– S'ils nous attrapent, je te lance à eux, maugréa-t-il, les dents serrées.

Mais Cyprielle voyait bien qu'il n'était pas vraiment énervé après elle, plutôt impatient. Elle se fit toute petite en hochant la tête et se nicha à sa place en évitant de le déranger. Enfin, leur biplace décolla, et elle s'autorisa à souffler l'air qu'elle retenait dans sa poitrine. Elle entendit alors un cri, chercha son origine et découvrit qu'un marin les pointait du doigt. Mais le temps qu'il parvienne à ameuter un camarade, leur aéronef était déjà loin. Elle remarqua que les deux hommes observaient leur fuite un instant, puis que l'un des deux finit par hausser les épaules et repartit au travail. Peut-être avait-il pensé que les pourchasser ne servirait à rien. Et Cyprielle lui en fut reconnaissante.

Lorsqu'ils ne furent plus à portée du vaisseau de combat, Boomer s'avachit sur son siège en se tournant vers elle et en relevant les pieds sur la séparation entre les deux sièges.

– Je ne comprends pas comment ça a dégénéré là-bas, exprima-t-elle d'une petite voix.

– Arf ! J'imagine que certains n'ont pas aimé être pris de haut par cette seconde ! J'ai souvent eu l'occasion de croiser des gens désespérés, ils peuvent faire n'importe quoi sous le coup de la détresse. Ces gens ont tout perdu et on leur dit qu'ils ne sont plus les bienvenus nulle part.

Cyprielle mourait d'envie de questionner Boomer sur son passé. À quelle occasion avait-il croisé ce genre de personne ? Était-il impliqué ou juste spectateur ? Comment avait-il réagi ? Mais pour l'heure, elle avait besoin de débriefer de ce qui venait de se passer.

– Ils auraient pu les aider, tu ne crois pas ?

– Si tu veux mon avis, notre monde est bien trop strict et entêté. Les règles du conglomérat nous desservent plus qu'autre chose, expliqua-t-il. Ils sont en train de s'entre-tuer pour des conneries. Mais ce n'est que mon humble opinion ! Et je ne suis pas sûr qu'elle compte. Et si tu vas par là, Cyp, en quoi est-ce différent de ce que nous avons fait à Dreta ?

– Comment ça ? demanda-t-elle en fronçant les sourcils.

– Bah, on a fermé la porte ! En faisant ça, on a condamné les habitants sans leur laisser une chance de survie.

– Mais c'est complètement différent, s'insurgea la débroussailleuse. Ils étaient mordus ! Tu as bien vu, c'était devenu des bêtes ! On a rendu service à la communauté !

– Hmm, et comment être sûr qu'ils ne vont pas guérir ? Ou qu'il n'y avait pas d'autres survivants à l'intérieur ? Après tout, la troupe qu'on a croisée n'était pas si nombreuse pour regrouper toute la population d'une cité. Ils ont peut-être abandonné d'autres survivants qui se cachaient, poursuivit-il en haussant les épaules. Et nous, on les a condamnés avec ces monstres en les enfermant de l'extérieur. Imagine, s'ils attendaient le bon moment pour s'enfuir en toute discrétion par la porte de la muraille !

Les propos de Boomer dérangeaient Cyprielle, mais elle refusait de lui donner raison. Elle s'entêta.

– Non, Déda nous l'aurait dit si elle avait laissé des survivants réfractaires à l'idée de quitter la cité !

– Pourtant, je ne serais pas étonné que beaucoup n'aient pas eu envie de risquer leur vie à l'extérieur… lorsqu'on voit l'accueil qu'ils reçoivent des autres cités ! Mets-toi à leur place, tu ne voudrais pas te claquemurer chez toi en attendant que tes voisins mordus finissent par quitter la cité par manque de nourriture ? Eh bien là, ce n'est plus possible ! Si ça se trouve, cette Déda s'est autoproclamée régente après que l'ancien soit mort ou incapable de fuir ou mordu…

– Les gens ne sont pas si égoïstes !

En disant cela, Cyprielle repensa à Rosala, Conrad, ses parents. Si. Les gens ne pensaient qu'à leur bien, et ils n'hésitaient pas à pousser dans le vide ceux qui se mettaient sur leur chemin. Elle en avait fait les frais. Elle se tut en se renfrognant. Boomer vit son changement d'humeur et lui sourit d'un air de dire « qu'est-ce que je disais ! » Il avait raison. Et après tout, qu'ils s'entre-tuent si cela leur chantait, Cyprielle avait mieux à faire qu'essayer de raisonner des personnes qui ne le voulaient pas. Elle devait secourir ses sœurs. Car elle n'était pas une égoïste, elle, elle pensait à sa famille et elle n'abandonnerait pas ses triplettes à leur sort. Il n'en était pas question.

– En faisant cela, ils simplifient le travail des prédateurs ! poursuivit Cyprielle dans une volonté de prouver qu'ils étaient stupides.

– Je ne te le fais pas dire ! renchérit Boomer en écartant les bras. Bon, on doit trouver un endroit pour refaire nos réserves, changea-t-il soudainement de sujet. On est parti un peu précipitamment et les produits proposés à Dreta n'étaient pas à mon goût, grimaça-t-il.

La débroussailleuse ne put s'empêcher d'éclater d'un rire nerveux en repensant à ce marchand les entrailles à l'air. Elle s'imagina un instant faisant ses emplettes au milieu de tous ces cadavres et fut prise d'un fou rire irrépressible. Boomer la rejoignit bientôt et ils rigolèrent de bon cœur en balançant des vannes toutes plus grotesques les unes que les autres. Leurs nerfs lâchaient.

– Je te propose qu'on s'éloigne un peu des routes directes. Elles risquent d'être les plus fréquentées et maintenant qu'on sait que notre description est en train de circuler, je serais d'avis qu'on se fasse oublier, non ?

– Je suis d'accord. Rosala n'a pas perdu de temps, ma parole.

– Elle t'en veut vraiment, hein ? Qu'est-ce que tu lui as fait ? Tu lui as piqué son mec, ou quoi ?

– Mais rien du tout ! Je ne comprends pas pourquoi elle ne m'aime pas.

– Si tu veux mon avis, c'est pas juste ne pas aimer quelqu'un là, ironisa Boomer.

– Non, je t'assure, je ne comprends pas. J'ai toujours travaillé sans faire de vagues, je ne l'ai jamais défiée, je n'ai jamais été du genre tire-au-flanc, énonça Cyprielle en secouant la tête.

– Hmm, elle a peut-être une dent contre les éveillés ratés !

– Elle serait pas la seule, se renfrogna la jeune femme. Mais de là à vouloir ma mort…

– J'ai arrêté d'essayer de comprendre l'espèce humaine, vois-tu ! Je suis bien mieux sur ce biplace à voyager ou avec mes fabrications personnelles, expliqua Boomer en montrant un de ses bidules à Cyprielle.

– Cela t'arrive souvent de voyager ? demanda-t-elle soudain très intéressée.

– Dès que j'ai su construire un biplace, je suis parti, raconta Boomer. Je faisais partie des « pas vraiment utiles » pour la cité, si tu vois ce que je veux dire… Il était pas question que je me retrouve à exercer un métier dix heures par jour sous le joug d'un abruti qui aurait passé son temps à me houspiller, voire pire ! finit-il en levant un sourcil en direction de la jeune femme.

– Mais du coup… comment tu gagnes ta vie ?

– T'as pas encore compris ?

Cyprielle se renfrogna.

– Je pensais que mon oncle avait été clair. Je rends des services pour des gens… qui ont des besoins particuliers, dirons-nous.

– Tu veux dire que tu fais de la contrebande ? s'étonna Cyprielle qui se sentit bête de ne pas avoir compris plus vite.

Surtout qu'elle avait déjà eu l'occasion d'avoir recours à ces chemins parallèles. La vie de débroussailleur ne permettait pas de vivre correctement, aussi beaucoup d'entre eux se refilaient des tuyaux pour obtenir des vivres, des ustensiles à des prix plus raisonnables. Cyprielle savait aussi que certains n'hésitaient pas à faire appel aux réseaux cachés pour d'autres besoins. Elle-même avait un contact qui lui dégotait de l'alcool et des sucreries lorsqu'elle avait besoin d'oublier un peu sa condition.

– Tu veux dire que tu organises des soirées zéro limite ? questionna-t-elle.

– Parce que tu connais ces soirées ? s'étonna Boomer.

– Bien sûr ! Moi aussi j'ai besoin de me détendre, qu'est-ce que tu crois !

– Alors là, tu me surprends agréablement Cyp ! Moi qui te voyais comme une petite chose fragile et solitaire. Mais j'oublie un peu trop vite que tu as dégommé à toi toute seule le chef de meute des léons ! Et que tu es une débroussailleuse, tu as dû en voir ! Autant que moi, j'imagine.

– En effet, ta remarque était stupide.

– Je te le concède, fit Boomer en baissant la tête dans un signe de respect.

– Je ne suis pas sans défense. Toute ma vie, j'ai dû apprendre à me débrouiller par moi-même. Si quelqu'un peut survivre à l'extérieur, c'est bien moi ! claironna Cyprielle agacée par la vision que Boomer avait d'elle.

– Ton vertige m'a trompé ! expliqua Boomer de mauvaise foi.

– C'est bas !

Boomer lui lança une œillade moqueuse. Cyprielle comprit enfin qu'il la taquinait. Elle se demanda deux secondes si elle préférait bouder ou rire avec lui, le deuxième choix fut une évidence et elle éclata de rire, suivie par son compagnon.

Le reste du trajet se déroula dans un silence tranquille, entrecoupé de temps en temps par quelques paroles échangées sur des choses que l'un ou l'autre apercevait sur le chemin. Boomer s'était retourné pour naviguer tout en bricolant un outil que Cyprielle ne reconnaissait pas. Elle essaya de vaincre son vertige ou au moins de le dompter quelque peu pour qu'il ne l'handicape plus. Elle risquait de passer du temps à bord du biplace jusqu'à Hija, il fallait qu'elle surmonte sa peur du vide pour que le voyage se passe avec plus de sérénité pour elle. Elle s'autorisa donc à jeter des coups d'œil par-dessus le bastingage, d'abord furtifs, puis de plus en plus longs. Elle ne regarda pas tout de suite en direction du sol, se focalisant sur ce qui était à leur hauteur. Boomer ne volait pas trop haut, juste au-dessus de la cime des arbres. Pour éviter d'être trop visible pour un aéronef qui passerait à proximité, mais pas trop proche des arbres non plus pour ne pas attirer l'attention des prédateurs arboricoles. Lorsque Cyprielle se sentit suffisamment en confiance avec son environnement, elle s'autorisa un regard vers le bas. Elle découvrit alors la nature qu'ils survolaient et ne put s'empêcher de trouver cela beau. Une vague d'émerveillement lui saisit la poitrine, aussitôt suivie par un chagrin qui lui serra le cœur. Quelles merveilles les humains manquaient à cause des prédateurs ? Des forêts d'arbres millénaires, hauts de plusieurs mètres, aux branches grosses comme des troncs d'hommes qui partaient à l'assaut du ciel, remplis de fleurs aux couleurs chatoyantes et aux odeurs embaumantes. Cyprielle aurait voulu pouvoir les effleurer, sentir le grain de leur écorce, se balader au sein de cette nature qui semblait appeler à la méditation. Elle tendit un doigt par-dessus bord dans l'espoir de toucher une feuille.

Ils se relayaient pour dormir la nuit. Même si le biplace était autonome, il valait mieux que quelqu'un veille pour éviter la mauvaise surprise d'être réveillé par un ennemi. Pendant ses périodes, Cyprielle pensait à ses sœurs. Ne pas savoir si elles allaient bien la mettait à la torture. Même si leur quotidien les avait séparées à Marlimar, la débroussailleuse les savait à proximité. Elle pouvait toujours monter dans les niveaux pour leur rendre visite à tout moment. Elle ne le faisait que très rarement, car les croiser la renvoyait à chaque fois à son propre échec. Les années passant, la jeune femme avait espacé ses visites, cherchant des excuses pour expliquer ses absences de plus en plus régulières. Amira ne lui en avait jamais voulu. À chaque fois qu'elle voyait Cyprielle, elle l'accueillait comme si elles s'étaient quittées la veille, avec beaucoup de chaleur et d'intérêt pour son quotidien. Balde se montrait plus mordante et directe. Elle avait compris pourquoi sa sœur venait de moins en moins souvent et sans vouloir être blessante, elle annonçait simplement la vérité : que leurs chemins s'éloignaient de plus en plus. Et pourtant, malgré cela, Cyprielle les savait non loin, en sécurité et cela lui suffisait. Alors que là, elle avait ressenti la peur d'Amira, la colère de Balde, leur incompréhension. Elle se rendit compte qu'éprouver leurs émotions l'avait bouleversée. D'autant plus qu'elle n'avait pas le souvenir d'avoir jamais vécu cela auparavant. L'avait-elle rêvé ? Les événements des derniers jours étaient bien trop extraordinaires pour que ses émotions soient fausses. C'était d'ailleurs ce qui l'avait poussé à réagir. Depuis, elle ne percevait plus aucune des deux. Se pouvait-il que l'une de ses triplettes ait utilisé son pouvoir sans s'en rendre compte… sous le coup de l'émotion ? Elle n'y connaissait rien aux capacités d'éveillés pour savoir ce qui était possible ou non. En tout cas, elle espérait qu'elles étaient bien traitées là où elles se trouvaient.

Au bout de trois jours de voyage, Boomer la réveilla pour lui indiquer qu'ils arrivaient devant un unique bâtiment perché sur un promontoire. Elle fut surprise de découvrir qu'il pleuvait à verse. La bâche au-dessus de leur tête menaçait de craquer sous le poids de l'eau. Boomer poussa pour expulser le liquide à l'extérieur. En faisant cela, il les éclaboussa et jura tout bas avant de reporter son attention sur le bâtiment.

– Il doit s'agir d'un de ces observatoires, énonça-t-il.

Cyprielle hocha la tête. Elle avait entendu parler de ces lieux. Ils servaient de base pour analyser la planète, les éléments météorologiques, les déplacements de prédateurs et autres événements que le conglomérat estimait importants.

– Je les préviens de notre arrivée, poursuivit Boomer en actionnant le signal lumineux de façon saccadée.

Ils attendirent un temps interminable, si bien que Cyprielle crut à un moment que le lieu était abandonné. Puis quelqu'un leur répondit. Le même système fut actionné à l'observatoire et indiqua en morse qu'ils étaient les bienvenus. Boomer s'activa, laissant Cyprielle patienter sur sa place.

L'observatoire était un unique bâtiment juché sur une montagne afin d'avoir une vue à 360° sur les alentours. Le lieu était une vraie forteresse, bien plus que les cités, car souvent les scientifiques qui y vivaient n'étaient pas très nombreux et n'avaient pas de temps à perdre avec leur protection. Cyprielle remarqua que l'observatoire se mariait parfaitement avec la cime de la montagne afin de ne pas pouvoir y venir par voie de terre. Le seul accès était le ciel, ce qui réduisait déjà bien le nombre de prédateurs.

– Tu sais s'il y a des végétaux dans le coin ? demanda-t-elle à Boomer qui effectuait la manœuvre pour accoster leur vaisseau.

– Par ces températures ? Je suis pas certain, dit-il, mais je serais pas étonné que ces saloperies aient réussi à évoluer ici aussi. On est arrivé. Prie pour que ceux qui habitent ici n'aient pas vu passer de caravanes dernièrement ! Sinon, on est cuits !

Cyprielle frissonna en suivant Boomer hors du biplace. Il l'aida à descendre comme à chaque fois et elle lui sourit pour le remercier. Ils s'étaient arrimés sur la plateforme qui disposait de pinces prévues pour une caravane plus grande. Une seule pince avait suffi à Boomer là où une caravane normale en aurait utilisé trois. Une petite femme les attendait sur le promontoire. Elle ne semblait pas dérangée par la pluie. Elle portait un monocle sur l'œil droit, ses cheveux en bataille volaient au vent et elle affichait un air ravi de voir des personnes arriver. Elle agitait ses bras dans tous les sens en souriant de toutes ses dents. Dès qu'ils furent au sol, elle se précipita sur eux en glissant sur une flaque d'eau. Elle se rattrapa de justesse et reprit sa route.

– Bienvenue, bienvenue ! s'exclama-t-elle en criant. Que me vaut le plaisir ? J'ai failli rater votre demande d'atterrissage, vous savez ! J'étais happé par l'étude de données que j'ai récoltées cette nuit, complètement coupée du monde ! En plus, ce n'est pas comme si j'attendais de la visite, poursuivit-elle avant d'éclater d'un rire de clochette. Oh, je suis si contente de voir des gens ! Ça faisait longtemps, trop longtemps.

À ces mots, les fugitifs échangèrent un regard. Elle n'était donc pas au courant de leur mise à prix. Ils allaient pouvoir se reposer un peu avant de reprendre leur route.

– Mais je manque à tous mes devoirs ! Entrez, je vous prie. On va aller se prendre un rafraîchissement. Je m'appelle Mahaut au fait, termina la femme avec un grand sourire.

Boomer et Cyprielle se présentèrent à leur tour et la suivirent à l'intérieur de l'observatoire qui ressemblait à une place forte. Mis à part le dôme à son sommet, le reste du bâtiment n'avait aucune fenêtre, sans doute pour limiter la perte de chaleur. Il ne devait pas souvent faire chaud à cette hauteur.

– Merci de nous accueillir, commença Boomer en marchant d'un pas vif aux côtés de la petite femme qui les distançait par sa rapidité. Nous voyageons depuis plusieurs semaines et nos vivres ont fondu.

– Vous arrivez d'où ? s'intéressa Mahaut.

– De la côte méridionale, mentit Boomer.

– Nous avons voulu nous arrêter à Dreta sur la route, mais ils ont subi une attaque, continua

Cyprielle qui pensait qu'une once de vérité valait toujours mieux que trop de mensonges.

– Non ? s'indigna Mahaut. Vous allez me raconter tout ça, mais d'abord, laissez-moi vous recevoir correctement. Asseyez-vous, je reviens. Faites comme chez vous.

Mahaut les abandonna dans une pièce circulaire meublée de canapés qui avaient fait leur temps et d'une bibliothèque construite sur mesure pour épouser les murs arrondis. Une odeur d'air ventilé se mélangeait à des senteurs d'agrumes. La luminosité venait de plusieurs globes disséminés au petit bonheur la chance. Mahaut n'avait pas dû recevoir de visite depuis longtemps, car de nombreux livres et papiers étaient éparpillés sur les canapés, si bien qu'il n'y avait pas de place pour s'asseoir. Boomer se dirigea vers le minuscule bureau sur lequel il y avait tout un tas d'instruments qu'il prit entre ses doigts et commença à détailler. Cyprielle préféra s'approcher de la bibliothèque. Elle n'avait jamais vu autant de livres et se sentait un peu écrasée par tout ce savoir. Les débroussailleurs n'avaient ni le temps ni les moyens d'acheter des livres. De ce qu'elle savait, seul le régent à Marlimar avait quelques ouvrages. Et elle n'était même pas sûre qu'il les ait lus. Elle se demandait si ce n'était pas une légende. Elle fit glisser ses doigts sur les dos reliés, n'osant pas vraiment les toucher de peur de les abîmer. Lorsque Mahaut revint, la jeune femme sursauta comme prise en faute et baissa le bras pour le cacher derrière elle. Mais la scientifique ne lui en tint pas rigueur.

– Oh, je vois que tu as trouvé les ouvrages de Martha ! Elle les adorait, fit Mahaut avec un tressaillement dans la voix.

– Martha ? C'est une autre scientifique ?

– Non, Martha était ma compagne. Elle est morte il y a plusieurs mois maintenant, et je n'ai pas eu le cœur de me séparer de tous ses livres !

– Je suis désolée de l'apprendre.

– Ce n'est rien, tu ne pouvais pas savoir.

Mahaut s'affairait avec un plateau rempli d'un pichet, de verres et de quelques fruits pour accompagner le tout. Cyprielle eut l'eau à la bouche de voir les fraises et les prunes. Elle n'avait jamais les moyens d'en acheter sur Marlimar. Les rares fois où elle avait pu y goûter étaient lorsqu'elle mangeait avec ses sœurs. Mahaut débarrassa un des canapés pour qu'ils puissent s'asseoir, puis elle fit le service en babillant de la pluie et du beau temps. Elle s'éclipsa à nouveau pour ramener des serviettes à ces invités qui les acceptèrent avec plaisir. Elle donna une tape sur les mains de Cyprielle lorsque celle-ci voulut l'aider, ce qui fit beaucoup rire Boomer. La petite femme semblait ne jamais vouloir s'arrêter, elle jetait des coups d'œil dans tous les sens, arrangeant un coussin, resservant à boire. Aussitôt qu'elle posait une fesse, elle se relevait comme si une aiguille l'avait piquée pour réajuster quelque chose. Ce mouvement perpétuel était accompagné d'une curiosité sans faille. Elle écoutait le récit quelque peu modifié des deux compagnons et posait des questions, rebondissait, intervenait. Cyprielle ressentit un léger étourdissement à force de la regarder s'activer, mais Mahaut était très accueillante, aussi la débroussailleuse décida-t-elle de ne pas lui en tenir rigueur. Soit la scientifique n'était pas à l'aise avec le fait de recevoir des visiteurs, soit c'était dans sa nature d'être toujours en mouvement. Lorsqu'ils eurent enfin fini de raconter ce qu'ils avaient vécu à Dreta et avec les soldats de Wrine, elle leur accorda une pause. La débroussailleuse put enfin se délecter d'un fruit juteux. Elle ferma les yeux de plaisir en croquant dans la prune.

– Et vous Mahaut, est-ce qu'on a le droit de vous demander ce que vous faites comme recherches ici ? demanda Boomer.

– Hmm, j'imagine que ce n'est pas un secret, répondit-elle en haussant les épaules. J'étudie les conditions météorologiques, les déplacements de meutes et autres bizarreries de notre drôle de planète.

– Vous avez découvert des informations intéressantes ? participa Cyprielle en s'essuyant la bouche d'un revers de main.

– Intéressantes, je ne sais pas, mais j'ai découvert que les tempêtes sont exponentielles ces derniers temps. J'attends avec impatience la prochaine caravane pour envoyer mes analyses au conglomérat. Les tempêtes ne cessent de grossir et de faire de plus en plus de dégâts. Ça donne l'impression que la planète est en colère, expliqua Mahaut en grimaçant. Je n'ai pas encore assez de recul pour faire mes propres conclusions, mais les faits sont là ! Si ça continue comme cela, ce dont j'ai l'impression, il faudra sûrement prendre des mesures pour les aéronefs. Actuellement, ils sont trop fragiles pour surmonter une tempête et si ces tempêtes se multiplient, je ne donne pas cher de nos vaisseaux…

– Quand est-ce que passe la prochaine caravane ?

– Je n'en sais rien malheureusement. Étant donné que l'observatoire est autosuffisant, les caravanes ne viennent que très rarement. On ne peut pas dire que je suis sur leur route, elles doivent effectuer un détour exprès jusqu'ici et les marchands ne sont pas friands de perdre autant de jours pour ravitailler une unique personne, même si ce sont les ordres du conglomérat.

– Nous nous rendons à Hija. Si vous voulez, on peut transmettre un message au conglomérat de votre part ! proposa Cyprielle.

– Vous feriez ça ? Oh, vous êtes des jeunes gens adorables ! s'exclama Mahaut. Mais je dois vous prévenir, c'est une responsabilité importante, vous comprenez ! Les forces sont en train de changer et ce n'est pas à notre avantage.

– Nous avions remarqué, affirma Boomer en mangeant une fraise.

L'anomalie

Cyprielle et Boomer passèrent le reste de la soirée en compagnie de Mahaut qui leur conta son quotidien. La météorologue avait rarement l'occasion de recevoir des invités à l'observatoire, et elle manquait de présence humaine depuis qu'elle n'avait plus sa compagne avec qui discuter. Elle leur fit visiter le lieu. Si Cyprielle montra un réel intérêt à la serre avec toutes ses plantations autonomes, Boomer ne se réveilla que dans les pièces remplies d'appareils de mesure. Il posait tout un tas de questions techniques lorsque Mahaut l'interrompit.

– Mais j'y pense, vous m'avez bien dit que vous vous rendiez à Hija ? Seriez-vous intéressés pour faire une halte sur votre trajet ?

– C'est que nous n'avons pas vraiment le temps… commença Cyprielle.

– Bien sûr ! De quoi s'agit-il ? la coupa Boomer.

– Mes appareils ont détecté une anomalie à quelques kilomètres au nord. J'ai fait encore et encore des calculs pour essayer de les comprendre, sans succès. Il se passe quelque chose là-bas et j'aurais besoin que quelqu'un s'y rende pour vérifier mes données !

– Ça marche !

– Comment ça, ça marche ? s'indigna Cyprielle. Dois-je te rappeler que nous sommes pressés, fit-elle en s'approchant de Boomer pour murmurer entre ses dents.

Il l'envoya balader d'un geste de la main.

– C'est sur notre route, et Mahaut disait que ça ne nous prendrait pas trop de temps, hein, Mahaut ?

– Non, non, juste une petite pause sur le chemin.

– Et comment on vous transmet ce qu'on trouve ? demanda-t-elle, énervée que la décision semble prise sans qu'elle ait son mot à dire. On vous envoie un faucon voyageur ? On fait demi-tour ?

– Très bonne question ! répondit Mahaut en se frottant la tête. Eh bien, vous n'aurez qu'à transmettre vos informations à la prochaine caravane en partance pour le sud, elle devrait passer me voir normalement.

– Ma parole, vous avez réponse à tout !

Cyprielle leur tourna le dos pour réfléchir. Boomer et Mahaut repartirent dans une conversation vive qu'elle n'écouta pas. Son objectif était et resterait ses triplettes ! Elle devait vérifier qu'elles allaient bien. La débroussailleuse se concentra pour tenter de capter leur présence. Elle fit le vide dans sa tête, ferma les yeux, souffla par la bouche en prenant de longues inspirations. Lorsqu'elle se sentit prête, elle essaya de se connecter à Amira d'abord, c'était la triplette dont elle était la plus proche, puis elle élargit son champ pour se concentrer aussi sur Balde. Là où dans son cœur, elle avait toujours ressenti leur présence, il n'y avait plus que du vide. Cyprielle savait bien que ce n'était que dans son imagination, mais c'était réellement ce qu'elle ressentait avec l'absence de ses sœurs. Un trou béant qui saignait… elle retint un sanglot. Au fond d'elle, une peur sourde commençait à se frayer un chemin. Elle refusait de la laisser passer, mais celle-ci s'accrochait tel un insecte et gagnait du chemin. La peur de ne jamais revoir ses sœurs… Cyprielle secoua le corps pour se débarrasser de cette désagréable sensation, comme si elle retirait un vêtement trempé qui lui collait à la peau. Elle souffla de dépit. Elle n'était parvenue à rien, évidemment. Même si la jeune femme était agacée de la façon dont la décision avait été prise, elle devait reconnaître qu'elle aussi était curieuse de découvrir ce qu'il se passait sur la planète. Et Mahaut leur confirmait à nouveau que des éléments dont ils n'avaient pas conscience étaient en préparation. Cette anomalie n'avait peut-être rien à voir avec les derniers événements, mais la débroussailleuse ne croyait pas aux coïncidences. Tout lui criait que la suite risquait d'être compliquée !

Plus tard dans la soirée, Mahaut leur donna des provisions pour qu'ils puissent reprendre la route en toute sérénité. Elle se montra très généreuse et balaya d'un revers de main les scrupules de Cyprielle. Elle leur enjoignit aussi de se reposer et leur attribua une chambre avec un vrai lit à chacun. La jeune femme n'avait pas le souvenir d'avoir jamais dormi aussi bien. Elle aurait pu se lover dans ce matelas pour y rester à jamais. Elle fut très tentée de le faire d'ailleurs. Mahaut était sympathique, jamais à court d'anecdotes, la vie dans l'observatoire était certainement plus douce qu'à Marlimar. Ici, elle aurait pu se faire oublier des problèmes qui la poursuivaient. Cette pensée l'accompagna jusqu'à ce qu'elle sombre dans un sommeil profond et sans rêve. Le matin, au réveil, elle comprit qu'elle n'en ferait rien. Elle serra leur hôte contre son cœur en la remerciant pour son accueil et en promettant de revenir la voir lorsqu'elle aurait fini ses affaires à Hija. Cyprielle ne lui avait bien sûr pas révélé la raison pour laquelle elle s'y rendait, mais elle soupçonnait la chercheuse d'avoir compris que leur baratin n'était que du baratin. Elle fit comme si elle l'acceptait, sans poser de questions et Cyprielle lui en fut reconnaissante. Elle reprit la route à bord du biplace en essayant de ne pas regretter son choix. La bonne humeur de Boomer l'y aida. Il ne semblait heureux que lorsqu'il partait à l'aventure. Il discutait d'un ton léger et racontait sa soirée comme si elle n'y avait pas participé.

– Est-ce que tu penses qu'on peut se débarrasser d'un vertige ? demanda-t-elle le soir du deuxième jour de voyage.

– Tu veux dire comme si tu te débarrassais d'un vêtement ? s'étonna Boomer.

– Non, mais tu vois quoi ! C'est vachement handicapant au quotidien… confia Cyprielle.

– Hmm, reprit Boomer plus sérieusement, je dirais que le mieux à faire est sans doute de l'affronter. Tu vois, plutôt que d'essayer de l'enfouir, tu pourrais peut-être le confronter ?

– Et de quelle manière ? fit-elle pas vraiment convaincue.

– Tu pourrais essayer de te lever déjà ? proposa-t-il en soulevant un sourcil.

– Rien que d'y penser, j'ai les jambes qui tremblent. Je veux pas basculer par-dessus bord.

– OK… alors je dirais que c'est incurable !

– Merci de ton soutien, se renfrogna la jeune femme

Boomer éclata de rire.

– Désolé, Cyp, mais je peux pas te dire ce que tu attends juste pour te faire plaisir ! En quoi ça t'aiderait que je réponde « t'inquiète ça va passer » si c'est pas le cas. Je pense pas qu'un vertige se soigne, à toi de faire en sorte de vivre avec sans que ce soit trop handicapant.

– C'est quand même un comble ! J'ai le vertige et nos seuls moyens de transport sont dans les airs ! Pourquoi est-ce qu'on n'habite pas une planète faite entièrement d'eau ! Là, je serai bien plus à l'aise.

– Et tu voyagerais en nageant ?

– Mais non, rigola Cyprielle, on construirait des vaisseaux qui vont sur l'eau.

– Et une planète sur laquelle on pourrait monter sur le dos des prédateurs pour nous déplacer ?

– Où ils seraient nos animaux de compagnie, t'imagine ! On les emmènerait partout avec nous, on les chouchouterait…

– Moi je pense que j'opterais pour un gorillas ! Au moins, je serais sûr de ne plus me faire chercher des noises par des bandits de bas étage.

– T'en es pas un toi ? ironisa Cyprielle.

Boomer lui offrit un sourire qui voulait tout et rien dire en même temps.

– Par contre, ça doit coûter cher de nourrir un gorillas, je suis pas sûre que ce soit le meilleur investissement ! Non, tu prends une meute de léons, comme ça ils chassent pour toi et sont autonomes.

– Et dès que t'as le dos tourné, ils te bouffent !

– Aussi ! s'esclaffa Cyprielle. En réalité, je crois que j'aimerais bien avoir un animal de compagnie, mais pas un gros tu vois. Une petite boule de poils que je pourrais tenir dans mes bras et cajoler…

– C'est sûr que porter un léon, c'est plus difficile !

– Ça permettrait de se sentir moins seule, fit Cyprielle d'une voix fluette.

Boomer fit le choix de ne pas répondre. Il se tourna vers son tableau de bord en baragouinant qu'il devait vérifier quelque chose sur leur trajectoire. Cyprielle se mit à rêver d'un monde où les humains et les prédateurs ne s'entre-tueraient pas, mais dans lequel ils vivraient, peut-être pas en harmonie, mais au moins sans chercher à se bouffer à toutes les occasions.

La nuit tombait lentement. Ils entendirent un long hurlement qui glaça le sang de la jeune femme. Ils devaient survoler une meute quelconque. Ils se trouvaient sur une zone montagneuse. Mahaut leur avait expliqué que la perturbation venait de ce coin, sans savoir la situer exactement. Cyprielle espérait qu'ils n'y passeraient pas trop de temps. Sans crier gare, un vent violent se leva et se mit à souffler, des nuages sombres et menaçants apparurent au-dessus de leur tête. Cyprielle ne fut pas étonnée d'entendre le tonnerre gronder. Au même moment, la pluie tomba de façon si inattendue et forte qu'ils furent trempés, malgré la bâche. Boomer jura en essayant de contrôler le vol du biplace qui devint de plus en plus chaotique en raison du vent qui s'intensifiait. La jeune femme s'accrocha au rebord, et maugréa.

– Je suis censée apprivoiser quelque chose, là ? J'ai dit que je ne voulais pas me confronter au vertige !

– Je pense qu'on approche de la zone de l'anomalie, répondit Boomer en ignorant sa remarque caustique. Mahaut avait parlé des tempêtes, on est en plein dedans.

– Mais alors qu'est-ce qu'on fait ? glapit-elle.

– On peut se poser sur ce promontoire-là ! indiqua Boomer du doigt. Il est en hauteur, loin de la forêt. La cavité nous permettra de nous abriter, hurla-t-il pour couvrir le bruit de la tempête. Ça a l'air sécurisé.

– OK… c'est toi qui connais le mieux ton appareil ! Tu penses que tu vas y parvenir ?

Boomer sembla sur le point de changer d'avis, puis il se secoua et amorça la descente du biplace. Elle attendit que le vaisseau soit complètement stabilisé pour détacher ses doigts du bastingage. Elle grimaça en les bougeant, elle avait serré de toutes ses forces. La nuit était presque entièrement tombée, bientôt, ils n'y verraient plus, il valait mieux qu'ils se dépêchent de faire le tour du promontoire pour s'assurer qu'ils étaient en sécurité. Cyprielle passa les jambes par-dessus bord en fouillant les alentours du regard. La manœuvre fut malaisée, car elle essayait de garder un œil sur ses mouvements tout en vérifiant qu'aucun prédateur ne rôdait. De plus, la pluie continuait de lui fouetter le visage, l'aveuglant en grande partie. Elle n'avait pas entendu parler de végétaux logeant si haut dans les montagnes, mais cela ne voulait rien dire. En général, les habitants d'une région connaissaient bien leurs prédateurs et c'était tout. Elle parvint enfin à poser pied à terre en trébuchant. Son cœur fit un vol plané dans sa poitrine et Boomer se moqua d'elle sans scrupules.

– Tu t'y prends comme un pied. Lâche donc le vaisseau, ça te gêne !

– Je fais bien comme je veux, grommela-t-elle.

– Allez, on fait le tour pour s'assurer que tout va bien ?

Elle s'éloigna en pestant tandis que Boomer rigolait encore en partant dans son coin. Cyprielle se mit à fouiller le promontoire, sa machette à la main. Elle avait l'œil pour dénicher des prédateurs de toutes sortes. Elle était sûre qu'ici ne ferait pas exception. En seize ans de métier, elle n'avait eu qu'à déplorer de petits incidents, jamais rien de grave. Elle n'avait pas perdu de jambes, de bras ou la vie. La débroussailleuse ressentait un malaise sur ce promontoire alors qu'elle ne décelait rien de dangereux. Au bout d'un moment, elle comprit d'où lui venait cette gêne.

– Tu as remarqué ? Avant que la tempête n'explose, il n'y avait aucun bruit autour de nous. Je m'en rends compte à présent parce que cet orage est vraiment assourdissant et c'est presque trop par rapport au silence qu'il y avait jusqu'à présent.

– Ah oui, maintenant que tu le dis ! Cette région semble silencieuse, répondit Boomer en préparant un feu pour leur bivouac.

– Ça me met mal à l'aise ! Ça semble pas naturel, tu trouves pas ? lui demanda-t-elle en revenant vers lui.

– C'est vrai que j'ai pas souvent eu l'occasion de survoler la montagne, la forêt et les plaines sont bien plus bruyantes, confirma Boomer.

– À Marlimar, je crois bien que le silence n'existe pas. Mais je me rends compte que cela ne m'avait jamais dérangé.

– Je comprends. Moi, je t'avoue que le brouhaha permanent m'arrange.

– Pourquoi ? s'intéressa Cyprielle en sortant quelques victuailles de l'aéronef.

– Ça arrange mes affaires. Le silence n'aide pas à… rester discret.

– Tu vas me dire ce que tu traficotes à la fin, oui ou non ? s'emporta Cyprielle qui en avait marre de ses cachotteries.

Boomer s'interrompit dans l'installation du bivouac, observa Cyprielle les yeux écarquillés avant d'éclater d'un rire franc et chaleureux. Il eut du mal à se calmer et se mit à pleurer de rire. La jeune femme se sentit vexée par sa réaction, puis voyant qu'il ne se calmait pas, elle fut entraînée dans son fou rire.

– Je pensais avoir été suffisamment clair la dernière fois ?

– Tu parles en énigmes ! Tu en dis suffisamment pour attiser ma curiosité, mais jamais assez pour que je comprenne vraiment ton job. C'est agaçant à la fin ! Quel genre de métier emmène quelqu'un loin de sa cité, tout seul ? Je sais juste que tu trouves des trucs pour des gens, tu parles que je suis pas plus avancée !

– Tu as raison, nous voyageons depuis plusieurs jours et nous avons rencontré des situations incroyables tous les deux. Tu mérites d'en apprendre un peu plus, soupira Boomer en s'asseyant pour prendre une biscotte fourrée de gélatine de légumes.

Cyprielle hocha la tête en se détendant à son tour. Elle prit place en face de Boomer et se mit, elle aussi, à grignoter. Après tout, même si Boomer lui avait sauvé la vie, elle avait le droit de découvrir avec qui elle voyageait. Il savait bien qui elle était, elle ! Tout le monde le savait, à cause de sa marque sur le front.

– Je crois que mon métier m'a amené à ne faire confiance en personne, s'excusa-t-il.

– Tu es pardonné ! Allez, enchaîne ! Arrête de me faire languir.

– Haha, en fait je suis plutôt bricoleur et disons que ces compétences me permettent de bosser pour des gens peu fréquentables, tu vois. Des gens qui ont des besoins particuliers, du genre pas vraiment approuvés par le conglomérat et les régents des cités.

– Mais pourquoi tu n'as pas choisi un métier validé…

– Pour devenir aigri comme la majorité des habitants de Marlimar ? Très peu pour moi. Sans vouloir t'offenser, hein ! Mais une vie sans aventures n'était pas envisageable pour moi. J'avais besoin d'aller voir de l'autre côté de la muraille.

– Tu aurais pu devenir débroussailleur, on est dehors tous les jours ! sourit Cyprielle. Non, plus sérieusement, pourquoi tu n'as pas eu envie d'intégrer une caravane ou l'armée ?

– Je voulais dépendre de personne, j'imagine, répondit Boomer en se grattant le menton sur lequel la barbe commençait à prendre ses aises.

– Donc tu fais du marché en sous-main, si je comprends bien. Tu arrives à en vivre ?

– Ça dépend des jours, des missions, mais j'ai pas de gros besoins et quand je suis à sec, je peux toujours revenir chez mon oncle, expliqua Boomer en haussant les épaules.

– Mais… c'est pas dangereux ?

– Pas plus que ton job, répondit Boomer du tac au tac. Il faut juste être toujours sur ses gardes, ne faire confiance à personne et tout va bien.

– Mouais, comme moi quoi.

– J'ai eu la bêtise, une fois, de baisser la garde. J'en ai payé le prix. Mais c'est bien, j'ai quelque chose sur moi qui me rappelle tous les jours de ne plus jamais faire cette même idiotie si jamais j'étais retenté, dit Boomer mystérieusement.

– Ah bon ? Qu'est-ce que c'est ? Un grigri ou un truc du genre.

– Pas vraiment, rigola Boomer.

Il souleva le tissu de son pantalon en parlant. Cyprielle vit alors à la lumière du feu que Boomer avait une jambe artificielle. Elle fut estomaquée. Elle n'avait pas remarqué le moindre handicap chez lui dans ses déplacements, pas de boitement, rien. La jambe mécanique montait jusqu'à mi-cuisse, elle était serrée autour de sa chair qui était rose vif là où le moignon se posait sur la structure. Un système d'attaches remontait vers les hanches de Boomer. Elle imagina, à défaut de le voir, que cela permettait de maintenir la jambe mécanique. Elle écarquilla les yeux, puis se rendit compte de son impolitesse et se recomposa une mine adaptée.

– Qu'est-ce… qui t'est arrivé ? bredouilla-t-elle, pas complètement à l'aise.

– J'ai joué au con ! (Boomer lança un regard à Cyprielle puis souffla). Bon OK, j'arrête de t'embobiner. C'était il y a… sept ans maintenant, je crois, commença-t-il en rabaissant son pantalon. Je travaillais pour un client particulièrement exigeant. Il m'avait demandé d'aller récupérer un chargement spécial dans une des carrières des plaines de Mézope. C'était un travail risqué, je le savais, mais à l'époque, j'avais besoin d'argent et de faire mes preuves. Je devais, comment dire, me racheter auprès de certains de mes clients. Parce que j'ai plusieurs missions qui ont, disons, mal tourné, et y'avait plus grand monde qui me faisait confiance.

– Qu'est-ce que tu veux dire par « mal tournée » ?

– Bah, disons que par le passé, il a pu m'arriver de… perdre mon chargement, exposa Boomer en jouant avec un morceau de nourriture. C'en est devenu une blague, les autres pensaient que j'étais maudit. Et à l'époque, j'ai même découvert qu'ils pariaient sur moi pour savoir si j'avais une chance de rapporter la cargaison ou non. Mais cette…

poisse n'était pas vraiment du goût de mes clients. Résultat, j'avais plus de commandes à cette période. J'avais pas envie de crever la gueule ouverte comme un vulgaire prédateur, j'avais besoin de me refaire une réputation. Alors, j'ai accepté un contrat dont personne ne voulait.

– Qu'est-ce qui s'est passé ? souffla Cyprielle, suspendue aux lèvres de son compagnon.

– C'était pas pour rien que personne en voulait. Le site était bien trop gardé, et moi bien trop seul et pas préparé… J'ai trouvé l'objet en question, une sorte de machin qui sonde les roches. C'est super pratique quand tu bosses dans les carrières, ça permet de savoir où tu peux creuser sans risque de faire s'effondrer les tunnels, ou de tomber sur un prédateur. Ce genre d'objet est non seulement rare, mais aussi hyper convoité parce que si tu en as un…

– … tu prends le monopole sur le marché !

– Ouais, pas loin. Bref, t'imagines bien que ce genre de bidule n'est pas juste posé sur une table à la vue de tout le monde, poursuivit Boomer en haussant un sourcil.

Cyprielle hocha la tête.

– Du coup, je me suis faufilé dans la carrière jusqu'à la tente du contremaître. J'ai déniché son machin… et je me suis fait repérer !

– Par la muraille ! Et après ?

– Je te passe les détails, mais échapper à une dizaine de costauds qui manient tous les jours des pelles, des explosifs et des masses n'a pas été une mince affaire. J'ai réussi à m'en sortir, mais avec une jambe en moins. Ils ont fait s'ébouler une partie de leur carrière pour m'empêcher de m'enfuir et une des roches m'est tombée dessus.

Cyprielle leva les mains devant sa bouche pour retenir un cri d'effroi. Boomer haussa les épaules comme si parler de lui le mettait mal à l'aise.

– Et toi ? Tu dois en avoir aussi de jolies histoires. Ne me dis pas que tu es encore entière ?

– Bah en réalité, je suis pas d'une nature très aventurière contrairement à toi, du coup je fais hyper gaffe quand je travaille. J'ai bien une cicatrice sur l'épaule, acquiesça-t-elle en la montrant, mais c'est pas bien grave.

– C'est quoi ce truc ? demanda Boomer en se penchant pour détailler la boursouflure de Cyprielle.

– Une attaque d'urticante, j'ai pas fait attention, elle m'est tombée dessus. Je me suis fait brûler, mais ça aurait pu être pire. J'ai juste ça comme souvenir.

– La peau a bien morflé quand même. T'as plus mal ? Parce que c'est rouge et tout enflé.

– Non, ça a toujours été comme ça. Je le sens plus. La peau ne s'est jamais remise complètement.

– Et rien d'autre ? Je te crois pas !

– Si je t'assure, s'amusa Cyprielle. Je suis prudente et consciencieuse ! Pas question de finir en déjeuner d'un prédateur. Même si ma vie n'est pas dingue, j'aspire à autre chose…

– Ah bon ? Et à quoi donc aspire une débroussailleuse ?

Cyprielle soupira et ne répondit pas. C'était trop douloureux et embarrassant… et impossible. Cela ne servait donc à rien d'en parler à part pour rendre la blessure encore plus réelle. Pour le moment, elle n'avait qu'un objectif, ses sœurs, et elle devait se concentrer là-dessus. Comprenant qu'elle ne répondrait pas, Boomer rangea leur repas et s'installa pour dormir. Elle resta plusieurs minutes à contempler l'horizon à la lumière de la lune. Toute cette végétation à portée de main, si belle, si dangereuse… Elle finit par s'endormir en se roulant dans une des couvertures que Mahaut leur avait offertes.

À son réveil, lorsque la débroussailleuse ouvrit les yeux, sa respiration se bloqua dans sa gorge.

Elle retint un cri juste à temps et réfléchit à toute allure à ce qu'elle devait faire sans oser bouger ou respirer. Elle tourna tout doucement le regard vers Boomer qui ronflait la bouche ouverte. Elle l'appela en chuchotant, mais il dormait trop bien. Sa voix ne couvrait pas ses ronflements sonores. Elle le maudit, l'injuria autant qu'elle put, puis prit une toute petite respiration pour se calmer et éviter de trop remuer. Elle avisa enfin des cailloux à proximité de sa main, en saisit une pleine poignée qu'elle lança en direction de son compagnon avant de réaliser que, s'il se réveillait en sursaut, il risquerait bien de provoquer une catastrophe. Boomer se secoua en recevant la pluie de cailloux sur l'épaule et le torse. Ses habitudes d'une vie dangereuse évitèrent le réveil en fanfare. Heureusement, souffla Cyprielle. Il fut aussitôt alerte, ouvrit les yeux, les tourna dans tous les sens, comprenant qu'il y avait un problème mais qu'il ne devait pas attirer l'attention avec des gestes brusques. Puis, voyant qu'aucun danger ne semblait les attaquer, il s'autorisa à s'étirer en bâillant.

– Woaaaa, c'est toi qui me réveilles ? Qu'est-ce qui… que ? s'étrangla Boomer lorsqu'il tourna enfin le regard vers Cyprielle et découvrit le problème.

Une minuscule petite bête était blottie contre sa poitrine. Elle dormait !

Fin du premier tome

Ce roman vous a plu ?
Vous pouvez m'être d'une grande aide.

N'hésitez pas à laisser un commentaire sur Amazon. Cela m'aidera grandement à me faire connaître et à donner envie à d'autres lecteurs de découvrir ma plume et mes univers.

Pour cela, connectez-vous à votre compte Amazon, cliquez sur *Commandes*, trouvez le livre *Débroussailleuse*, et enfin *cliquez sur le bouton Écrire un Commentaire.*

Si vous ne savez pas quoi dire, vous pouvez juste laisser une note. Grâce à votre note, je gagne en visibilité et vous en serai très reconnaissante. Car votre soutien me permet de continuer à écrire en toute sérénité.

Alors un énorme merci du fond du cœur.

Remerciements

À Olivier alias les lectures d'Olivier et Greg alias Des traits d'esprits pour leur lecture attentive et leurs retours constructifs.
À Fred Martinoty pour sa lecture attentive, son accompagnement éditorial, sa traque des fautes d'orthographe et de conjugaison.
À Pierre pour son soutien en tant que premier sponsor sur Tipeee.
À vous chroniqueuses qui aimez mes romans et le faites savoir auprès de vos communautés.
À toi lecteur, sans qui mon travail n'aurait juste aucun intérêt.

Printed in France by Amazon
Brétigny-sur-Orge, FR

16148621R00121